오늘 하루가
　　　선물이다

## 오늘 하루가 선물이다

청소년과 부모의
지친 마음을 일으키는
100가지 이야기

**초 판 1쇄** 2025년 09월 17일

**지은이** 오주현
**펴낸이** 류종렬

**펴낸곳** 미다스북스
**본부장** 임종익
**편집장** 이다경, 김가영
**디자인** 윤가희, 임인영
**책임진행** 김요섭, 이예나, 안채원, 김은진

**등록** 2001년 3월 21일 제2001-000040호
**주소** 서울시 마포구 양화로 133 서교타워 711호
**전화** 02) 322-7802~3
**팩스** 02) 6007-1845
**블로그** http://blog.naver.com/midasbooks
**전자주소** midasbooks@hanmail.net
**페이스북** https://www.facebook.com/midasbooks425
**인스타그램** https://www.instagram.com/midasbooks

ⓒ 오주현, 미다스북스 2025, *Printed in Korea*.

**ISBN** 979-11-7355-496-4   03190

**값** 19,500원

※ 파본은 구입하신 서점에서 교환해드립니다.
※ 이 책에 실린 모든 콘텐츠는 미다스북스가 저작권자와의 계약에 따라 발행한 것이므로 인용하시거나 참고하실
   경우 반드시 본사의 허락을 받으셔야 합니다.

**미다스북스**는 다음세대에게 필요한 지혜와 교양을 생각합니다.

# 오늘 하루가 선물이다

오주현 지음

청소년과 부모의
지친 마음을 일으키는
100가지 이야기

미다스북스

## 추천의 글

"입시상담을 하다 보면, 공부 방법이 잘못되어 성적이 안 나오는 경우는 거의 없다. 자신에 대한 확신이 없거나 의지가 부족한 경우가 더 많다. 그런 의미에서 학생들에게 꿈을 실어주고 마음을 튼실하게 만들도록 토닥이는 작가의 글들은 그 어떤 수험서보다 빛나고 돋보인다. 쓰러지고 넘어져도 일어설 의지가 있다면, 그것이 완주하는 데 가장 커다란 힘이다. 이 책은 학생들이 수고롭게 오르막길을 오를 때, 뒤에서 조용히 밀어주는 순풍과 같은 책이다."

김호진 <sub>토마스 아카데미 원장, 입시 전문가</sub>

"오늘날 우리나라에서 '고3'이라는 말은 본인뿐 아니라 가족과 친지 모두에게 특별한 의미를 부여합니다. 일생에서 가장 치열한 경쟁에 내몰린 절박하고 두려운 시기임을 모두가 공감하고 있기 때문입니다. 이 책은 고3 수험생이 자칫 잃기 쉬운 학습 의지와 입시 목표를 날마다 새롭게 다잡고, 몸과 마음의 평안을 누리도록 안내합니다. 저자는 심리학·뇌과학·경영학 이론과 동서양 고전의 가르침을 평범하고 단순한 문장으로 소개합니다. 독자는 이를 통해 충분한 위로를 받고 상쾌한 시선을 회복하게 될 것입니다. 이 책을 고3뿐 아니라 치열한 경쟁과 무거운 과제 앞에 선 모든 이웃에게도 추천합니다."

조한주 <sub>새생명한의원 원장</sub>

"저자가 수험생 아빠로서 겪은 경험에서 나온 지혜들은 세 번째 수능을 준비 중인 막둥이와 저, 그리고 아내에게 큰 위로와 힘이 되고 있습니다."

이희윤 입시생 아빠

"아침에 챙겨 먹는 비타민 한 알과 같은 작가가 들려주는 한 편의 글을 통해서 오늘이 선물해 주는 메시지에 귀 기울여 보세요. 입시에 지친 자녀뿐만 아니라 학부모들께도 힐링의 시간이 되어줄 것입니다. 짧지만 울림이 있는 이야기가 하루 종일을 잘 버틸 수 있는 활력을 선물해 줄 것입니다."

이니스프리 네이버 카페 회원, 학부모

"불안과 초조 속에서도 하루하루를 버텨내는 입시생과 그 곁을 지키는 부모에게, 이 책은 한 줄기 숨 쉴 틈을 건넵니다. 성적표로만 평가받는 것 같은 날에도, 삶의 가치는 그 너머에 있다는 사실을 잊지 않게 해줍니다. 오늘의 작은 웃음과 따뜻한 순간들이 결국 미래를 지탱하는 힘이 됨을, 이 책은 잔잔하게 일깨워줍니다."

오스카 네이버 카페 회원, 학부모

"이 책을 읽으면 자기 자신이 소중함을 깨닫게 되는 주옥같은 문구들이 많아, 나도 모르게 미소 짓게 된다. 교사 입장에서 상담하다 보면 마음의 상처로 인해 자신을 하찮은 사람이라고 여기는 자존감 낮은 학생들이 많아 안타까운데, 이 책을 통해 학생들이 자신의 하루가 선물이라는 것을 깨닫게 되길 바란다. 입시에 힘들어하는 제자들에게 이 책을 추천하고 싶다."

블레스 네이버 카페 회원, 영어 교사 & 학부모

"고등 엄마 시작할 무렵 걱정과 동시에 기대를 품었습니다. 아이가 잘하길 바라는 간절함이 만들어낸 기대! 그러나 예측하지 못했던 수많은 변수가 등장했고 '어느 대학을 갈 수 있을까?'라는 성적 고민보다, '아이가 무사히 이 과정을 마무리하려면 어떻게 해야 할까?'라는 고민을 더 많이 할 수밖에 없는 상황이 계속되었습니다. 그런 상황에서 제법 긴 시간 동안 작가님이 전해 주시는 오늘에 대한 메시지는 때론 저를 춤추게 했고, 때론 저를 반성케 했답니다. 그리고 저와 아이가 하루를 잘 살아낼 수 있도록 에너지를 채워 주었답니다. 수험생과 수험생 학부모가 평온하고 힘차게 하루를 보낼 수 있도록 길잡이가 되어줄 수험생 전문 1일 영양제『오늘 하루가 선물이다』의 발간을 축하합니다."

화이팅 현 네이버 카페 회원, 학부모

"아이와 함께 한 입시는 길고도 치열한 여정이었습니다. 부모로서 최선을 다하고 싶었지만, 불안과 두려움이 앞서던 순간도 많았습니다. 그 모든 과정에서 깨달은 것은, 입시는 아이만의 싸움이 아니라 부모와 자녀가 함께 걸어가는 '성장의 길'이라는 사실이었습니다. 『오늘 하루가 선물이다』는 그러한 여정을 진솔하게 담아내고 있습니다. 때로는 따뜻한 위로로, 때로는 현실적인 조언으로 제 마음을 지탱해 주었던 저자의 글들이 한 권의 책으로 나온다니 참으로 뜻깊은 일입니다. 이 책이 모든 수험생과 학부모에게 작은 등불이 되어주기를 진심으로 바랍니다."

사이다 네이버 카페 회원, 학부모

## 프롤로그

　우리는 종종 지나간 일에 마음이 머물거나, 아직 오지 않은 미래를 걱정하며 오늘을 흘려보냅니다. 어제의 실수를 되새기며 자신을 탓하고, 알 수 없는 내일 앞에서 주저하다 보면, 정작 가장 소중한 지금 이 순간을 놓치기 쉽습니다.

　특히 대학입시라는 큰 문턱 앞에 선 학생들과 그 곁을 지키는 부모들에게 하루하루는 긴장과 초조의 연속입니다. 저 역시 그 시간을 지나온 사람으로서, 그 마음이 얼마나 무겁고 고통스러운지 잘 알고 있습니다.

　대학입시는 누구에게나 쉽지 않은 여정입니다. 실력뿐 아니라 운과 수많은 변수가 함께 작동해서 어떤 결과가 나올지는 그 누구도 예측할 수 없습니다. 그래서 많은 수험생들이 불확실한 미래에 압도되어 오늘 해야 할 일조차 제대로 해내지 못하곤 합니다. 하지만 입시는 결국 오늘의 나 자신과 조용히 마주 서는 싸움입니다. 남을 의식하기보다 지금 이 순간의 나에게 집중하는 태도야말로 가장 큰 힘이 됩니다. 그리고 이 책은 그 싸움 한가운데에서 흔들리지 않도록, 마음을 단단히 붙잡을 수 있는 관점과 생각의 방향을 제시합니다.

입시와 성적, 끝없는 비교 속에 있다 보면 인생이 숫자와 결과로만 평가되는 것처럼 느껴집니다. 하지만 삶의 진짜 가치는 그 너머에 있습니다. 친구와 나누는 짧은 대화, 저녁 식탁에 울려 퍼지는 웃음, 무거운 책가방을 멘 아이의 등을 살며시 토닥이는 순간… 이런 작은 장면들이 우리를 지탱해 주는 힘입니다.

전작 『인생은 선물이야』가 인생이라는 큰 흐름 속에서 선물의 의미를 되새기려 했다면, 이번 책은 오늘 하루라는 작지만 단단한 시간에 집중합니다. 잊고 지나칠 수 있는 감정과 순간들을 되짚고, 현실을 견뎌내기 위한 구체적인 방법을 풀어냅니다. 향후 대학입시라는 큰 산을 넘어야 하는 중고등학생과 학부모를 타깃 독자로 하고 있지만, 힘든 하루하루를 살아가고 있는 일반인도 2차 타깃 독자로 하고 있습니다.

100편의 에세이에는 삶에 대한 질문과 통찰, 다짐과 위로, 사랑과 관계, 그리고 현실을 버텨내는 마음가짐을 담았습니다. 하루를 시작하며 마음을 다잡고 싶을 때, 혹은 고단한 하루를 마무리하며 스스로를 다독이고 싶을 때, 조용히 펼쳐보면 좋겠습니다.

또한 최근 입시에서 전략적으로 성공한 실제 사례 두 건을 함께 수록하였습니다. 단순한 공부 방법뿐 아니라 구체적인 입시 전략, 부모의 지원 방식, 그리고 불안에 대처해 나가는 과정 등을 담았습니다. 이 이야기가 누군가에게는 길을 비춰 주는 등불이 되기를, 또 누군가에게는 버틸 수 있는 힘이 되기를 바랍니다.

부록을 포함해서 각 장을 마무리하는 페이지에 장별로 2개씩 총 20개의 '초보 인생 가이드'를 담았습니다. 이 중 일부라도 생활 속에서 실천한다면 오늘을 제법 괜찮은 하루로 만들 수 있을 것입니다.

이 책이 세상에 나오기까지 함께 마음을 나눠 주신 회사 동료와 지인들, 네이버 카페 〈토마스 입시광장〉 회원님들, 소중한 입시 후기를 제공해 주신 두 분의 학부모님, 그리고 정성을 다해 원고를 다듬어 주신 미다스북스 김요섭 편집자님과 임직원 여러분께 깊이 감사드립니다. 무엇보다 언제나 가장 큰 힘이 되어준 아내와 진원, 채원에게 따뜻한 마음을 전합니다.

오늘 하루를 진심으로 살아낸 사람만이 내일을 바꿀 수 있습니다.
이 책이 여러분의 하루를 지켜 주는 작은 위로이자, 자신과의 싸움에서 끝까지 버틸 수 있게 해주는 조용한 응원이 되기를 바랍니다.

오주현

차례

추천의 글 | 004
프롤로그 | 007

---

## 제1장 오늘 하루가 선물이다    015

001 100일의 기적 | 002 처음처럼 | 003 괜찮은 하루 | 004 지금 여기 | 005 매일 새롭게 | 006 하루 10만 번 | 007 오늘의 너 | 008 내일 걱정 | 009 불확실한 내일 | 010 미래의 나 | 011 웃자 웃어

---

## 제2장 내 인생, 내가 연출한다    039

012 스스로 빛나는 별 | 013 인류의 유산 | 014 대장부의 길 | 015 내 인생 내 것 | 016 자신의 우주 | 017 자신의 재능 | 018 공부의 이유 | 019 세상은 총천연색 | 020 속도보다 태도

---

## 제3장 꾸준함이 큰 차이를 만든다    059

021 꾸준함 | 022 우직한 소 | 023 좋은 습관 | 024 땀과 눈물 | 025 작은 습관 | 026 작은 성공 | 027 콩나물 공부법 | 028 노력의 힘 | 029 재능 만들기 | 030 안타까움과 부끄러움 | 031 다행스러움과 자랑스러움

---

## 제4장 다시 일어설 때 강해진다     **081**

032 하늘의 연금술 | 033 역경과 경력 | 034 비와 인생 | 035 다시 일어서기 | 036 가스라이팅 | 037 용기와 회복탄력성 | 038 열정 | 039 저 높은 곳을 향하여 | 040 배수진 싸움 | 041 스스로 돕는 자

## 제5장 성공보다 성장이 나를 이끈다     **103**

042 성공보다 성장 | 043 가진 것에 집중 | 044 멘토의 영향력 | 045 작은 성취 | 046 계획과 실행 | 047 이 세상 떠날 때 | 048 다르게 행동하기 | 049 꽃과 가시 | 050 꿈과 돈 | 051 나의 길 만들기 | 052 청춘과 갈림길 | 053 성공과 실패

## 제6장 삶의 태도가 인생을 결정한다     **127**

054 근본이 먼저 | 055 모든 시기가 소중 | 056 인생과 경험 | 057 삶은 축복 | 058 웃으면 생기는 일 | 059 생각과 운명 | 060 인간의 얼굴 | 061 시냇물과 인생 | 062 빗속에서 춤추기 | 063 저항선과 지지선 | 064 인생과 모의고사 | 065 불행과 행운 | 066 하늘에 맡기기

## 제7장 마음이 힘들면 달래야 한다     **153**

067 평온 구하기 | 068 Message from Jesus | 069 고통 대처법 | 070 불행 본능 | 071 표준은 없다 | 072 평균 올리치기 | 073 심리 메커니즘 | 074 결과보다 과정 | 075 너는 꽃이다 | 076 자신에게 친절하기 | 077 밖으로 나가자

### 제8장 관계의 핵심은 사랑이다     181

078 살짝 띄우기 | 079 햇살과 나무 | 080 해님과 바람 | 081 존중하는 마음 | 082 사랑과 소유 | 083 지나친 간섭 | 084 안식의 공간 | 085 천국과 연옥 | 086 그의 심장 | 087 받아들이기 | 088 사랑의 힘 | 089 선행과 복

### 제9장 입시에 맞서려면 단단해져야 한다     207

090 남보다 앞서기 | 091 글자와 숫자 | 092 눈물과 시간 | 093 비교 지옥 | 094 절망과 희망 | 095 수시와 정시 | 096 탐욕과 두려움 | 097 평균으로의 회귀 | 098 대학입시 골품제 | 099 입시의 끝 | 100 상상이라는 처방전

### 부록 대학입시, 이렇게 성공했다     227

001 열정이 실린 생기부는 기적을 불러온다 | 002 두 번의 실패는 없다

에필로그 | 255
참고문헌 | 256

\* **일러두기**

1. 사진 이외의 일러스트는 ChatGPT(꼭지 073 이미지는 Gemini)를 활용하여 생성하였습니다.
2. 일목요연한 목차 구성을 위하여 목차의 꼭지 제목은 축약형으로 하여 본문의 긴 꼭지 제목과 다르게 하였습니다. 혼선이 없도록 꼭지 제목에 꼭지 번호(001~100)를 부여하였습니다.
3. 각 장 마무리 부분에는 세 개의 질문이 있습니다. 질문에 스스로 답을 해보면 본문 내용을 더 잘 이해할 수 있습니다.
4. 인용하거나 참고한 도서 목록은 〈참고문헌〉에 있습니다.

# 제 1 장
# 오늘 하루가 선물이다

"지금 이 순간이 내 인생의 새출발이다."

"오늘을 진심으로 살아낸 사람만이 내일을 바꿀 수 있다."

"과거는 덮고, 내일은 내일에 맡기고, 오늘은 기록하라.
하루 한 줄 일기가 내 삶을 지킨다."

# 001
## 100일이면 꿈을 현실로 만들 수 있다

단군의 자손인 우리는 100일이면 꿈을 현실로 만들 수 있다.
하루 한 편씩, 100일 뒤면 오늘 하루가 진짜 선물이 될 수 있다.

하지만 한 가지는 기억하자.
중도에 포기한 호랑이는 끝내 사람이 되지 못했다는 사실을.

# 002
## 작게라도 시작하고 초심을 유지하라

千里之行, 始於足下
천리지행 시어족하
"천 리의 여정도 한 걸음부터 시작된다."

慎終如始, 則無敗事
신종여시 즉무패사
"끝을 처음처럼 삼가면, 실패하는 일이 없다."

_ 노자, 『도덕경』

**천 리 길도 한 걸음부터 시작된다.**
대학입시도 다르지 않다. 거창한 목표보다 더 중요한 건 오늘 책상 앞에 앉는 그 한 걸음, 그 실천이다.

계획은 누구나 세울 수 있다. 진짜 문제는 오늘을 어떻게 사느냐다. 아무리 화려한 계획표를 그려도, 하루를 허비하면 그 계획은 공허한 장식에 불과하다.

**처음을 끝처럼, 끝을 처음처럼.**
아침의 각오가 저녁까지 이어질 때, 하루는 비로소 완성된다. 그런 하루가 쌓여야 결국 원하는 결과에 닿는다.

입시는 특별한 재능이나 비법이 아니라, 오늘 하루를 어떻게 대하느냐의 싸움이다. 오늘을 진심으로 살아낸 사람만이, 그 긴 여정의 끝에 설 자격이 있다.

# 003
## 오늘을 괜찮은 하루로 만드는 법

우리는 종종 과거의 전성기를 지금의 준거점(기준점)으로 삼는다. 그때보다 덜 빛나고, 덜 인정받고, 덜 가진 지금을 보며 자신을 초라하게 느낀다. 마치 모든 것을 잃은 사람처럼.

하지만 행동경제학자인 대니얼 카너먼과 아모스 트버스키가 제안한 '전망 이론(Prospect Theory)'은 다른 시선을 제시한다. 이 이론에 따르면, 사람은 절대적인 부나 성취보다, 준거점 대비 얼마나 손해를 봤는지, 혹은 이익을 얻었는지를 더 민감하게 느낀다.

그러니 과거의 최고치를 준거점으로 삼는 순간, 지금의 나는 늘 커다란 손실 상태에 놓이게 된다. 지금이 아무리 괜찮아도, 과거와 비교하면 잃은 것이 너무 커 보인다. 자연히 마음은 자주 무너지고, 회복은 더뎌진다.

하지만 준거점을 바꿔보면 이야기가 달라진다. 과거가 아니라 어제를, 남이 아니라 어제의 나를 기준으로 삼아보자.

오늘이 어제보다 단 1%라도 나아졌다면, 우리는 그만큼의 이익을 경험한 셈이다. 설령 조금 나빠졌더라도, 기준이 가까이에 있으니 손실의 강도는 그만큼 덜하다. 준거점이 가까울수록 감정의 파동은 작아지고, 마음은 덜 다친다.

행복은 절대적인 것이 아니다. 행복은 언제나 무엇을 기준으로 삼느냐에 따라 달라지는 상대적 감정이다. 지나간 전성기를 움켜쥐고 사는 사람은 현재를 계속 손실로 해석하고, 어제와 오늘을 비교하며 살아가는 사람은 작은 변화에도 기쁨을 느낄 수 있다.

불행은 비교에서 오지만, 비교를 어떻게 하느냐는 우리의 선택이다. 준거점을 가까이에 두고 오늘을 바라보면, 우리는 더 자주 이기고, 더 자주 괜찮아지고, 더 자주 살아낼 수 있다.

# 004
## 진짜로 살 수 있는 시간은 오직 지금뿐

'살다'의 영어 단어 'live'를 거꾸로 쓰면 'evil'이 된다. 이는 과거에 집착하며 사는 삶이 결국 후회와 분노, 자책이라는 악순환으로 이어져 자신을 해치는 결과를 낳는다는 상징이다.

또한 'live'의 철자 순서를 바꾸면 '면사포'인 'veil'이 된다. 이는 미래는 언제나 베일에 싸여 있어 불확실성과 불안으로 현재를 흐릿하게 만든다는 점을 상기시킨다. 이처럼 과거는 후회의 덫이고, 미래는 두려움의 그림자다.

우리가 진짜로 살 수 있는 시간은 오직 지금뿐이다. 과거는 되돌릴 수 없고, 미래는 아직 오지 않았다. 지금이라는 순간을 외면한 채 살아가는 삶은 곧 과거의 악(Evil)과 미래의 베일(Veil)에 갇힌 지옥과도 같다.

그러니 우리는 과거도, 미래도 아닌 지금을 살아야 한다. 지금 바로 앞에 있는 상대의 대화에 귀를 기울이고, 지금 보고 있는 장면에 몰입하며, 지금의 공부에 집중해서 최선을 다하는 삶만이 가장 선명하고 진실한 삶이다.

살아야 할 시간은 언제나 지금, 바로 이 순간뿐이다.

# 005
## 우리는 매일 새롭게 태어난다

　동양의 환생 사상은 우리의 삶이 전생과 현생을 거쳐 내생으로 이어짐을 말한다. 하지만 우리는 전생을 기억하지 못하고, 내생을 예측하지 못한다. 왜냐하면 그걸 아는 것이 현생을 살 때 별 도움이 되지 않기 때문이다.

　넓게 보면 환생은 거대한 윤회지만, 미시적으로 보면 매일 아침도 하나의 환생이다. 우리는 잠들고, 다시 깨어나는 과정을 반복하며 매일 새롭게 태어난다.

그러니 오늘 하루는 미시적으로는 나의 전 생애다. 과거에 머물지 말고, 미래에 불안해하지 말자. 지금 이 순간을 살자. 오늘을 충실히 사는 것이 진짜 삶이다.

# 006
## 하루에 10만 번, 내 심장은 뛰고 있다

가끔은, 스스로가 너무 작고 하찮게 느껴질 때가 있다.
쓸모없다는 생각이 슬며시 마음을 잠식하고,
존재 자체가 세상에 짐처럼 느껴질 때도 있다.

그럴 땐 잠시 멈춰 서서
가슴에 손을 얹어보자.
그리고 아주 천천히, 스스로에게 말해보자.

"지금 이 순간에도, 내 심장은 뛰고 있다."

하루에 10만 번.
말없이, 불평 없이,
지친 몸과 무거운 마음을 안고 살아가는 나를 위해
심장은 여전히 뛰고 있다.
단 한 순간도 나를 포기하지 않는다.

그 사실 하나만으로도,
우리는 오늘 숨 쉴 이유가 있다.
살아가야 할 이유는, 분명히 우리 안에 있다.

# 007
## 오늘의 너만이 진짜야

지금 이 순간
너의 한걸음에
모든 걸 걸어봐.

과거도 미래도 아니야.
오늘의 너만이 진짜야.

# 008
# 내일 일은 내일에 맡겨라

"그러므로 내일 일을 위하여 염려하지 말라.
내일 일은 내일이 염려할 것이요,
한 날의 괴로움은 그날 문제로 족하니라."

_ 마태복음 6:34

대학입시는 분명 인생에서 큰 사건처럼 느껴지지만, 그 무게에 너무 짓눌릴 필요는 없다. 아직 오지도 않은 내일의 걱정까지 끌어안으면, 오늘을 살아갈 힘마저 잃게 된다.

내일의 일은 내일이 맡게 두고, 오늘 할 수 있는 것에 집중하자.
오늘 한 문제를 더 풀고, 오늘 한 번 더 마음을 다잡는 것,
그 작은 걸음이 쌓여 결국 원하는 곳으로 가게 해준다.

혹시 대입 결과가 기대와 달라도 하늘이 무너지는 일은 없다. 땅이 꺼질 일도 없다. 잠시 넘어질 수는 있어도, 다시 일어설 준비만 되어 있다면 내 인생은 결국 자체의 리듬대로 흘러갈 것이다. 그리고 내일 또한 내일만의 리듬대로 흘러갈 것이다.

# 009
## 불확실한 내일은 두려움 아닌 가능성이다

　대학입시를 앞둔 수험생과 학부모는 몇 개월 후의 입시 결과가 몹시 궁금할 것이다. 그래서 독실한 신앙인도 점집을 찾곤 한다. 그런데 미래를 안다는 건 정말 도움이 될까?

　미래를 알아버리면 인간은 도전 대신 체념을 선택한다. '어차피 그렇게 될 텐데.'라는 생각은 오늘의 선택을 무력하게 만들고, 바꿀 수 있다는 희망을 꺾는다. 남은 시간은 불안과 두려움에 잠식되고, 현재는 더 이상 살아 있는 시간이 아니다.

 무엇보다, 미래가 정해져 있다는 믿음은 인간이 가진 가장 강한 무기인 희망과 의지와 노력을 무기력하게 만든다. 정해진 결말 앞에서 열정과 성장은 사라진다. 사람은 스스로를 운명의 감옥에 가둔다.

 반면, 모른다는 건 가능성이다. 모르기에 희망을 품고 시도할 수 있고, 실패해도 다시 일어설 수 있다. 불확실성은 두려움이 아니라 기회다. 중요한 건 결과를 미리 아는 것이 아니라, 결과를 바꾸는 오늘의 태도다.

 나의 하루하루는 미래를 만들어가는 과정이다. 어차피 세상에 100% 확실한 미래는 없다. 오늘 하루가 내일을 바꾸기 때문이다. 그러니 애써 미래를 점치려 하지 말고, 지금의 나를 믿어보자. 불확실한 오늘을 버티는 용기, 그것이 진정으로 나를 성장시키는 힘이다.

# 010
## 미래의 내가 고마워할 오늘의 내가 되어라

미래의 내가 지금의 나에게 고맙다고 말할 수 있도록, 오늘 하루를 충실하게 살아야 한다. 작은 선택 하나, 짧은 노력 하나가 쌓여 나를 더 나은 사람으로 만든다. 오늘은 단지 오늘이 아니라, 내일을 위한 씨앗이다.

반대로, 오늘의 잘못된 선택 하나, 하루의 나태함이 몇 달 뒤, 몇 년 뒤, 심지어 몇십 년 뒤의 나에게 상처가 될 수 있다. 잘나가던 인기 연예인이 인기 정점에서 중고등학생 시절의 학폭 사건이 드러나 한순간에 추락한 경우를 보지 않았던가.

 그러니 중요한 결정을 내릴 때나 중요한 일을 앞두고 있을 때는, 아직 만나지 않은 미래의 나와도 반드시 상의해야 한다. 그 대화 속에서 오늘을 어떻게 살아야 할지가 분명해진다.

# 011
## 하하하 웃자 웃어!

　진화론적으로 보면, 걱정이 많고 불안함을 자주 느끼는 사람들이 살아남았다. 늘 위험을 감지하고 대비했던 사람들이 결국 유전자를 남겼다. 반면, 현실에 만족하고 느긋하게 살던 사람들은 맹수에게 물려 죽거나, 굶어 죽거나, 운명을 피하지 못했을 가능성이 크다. 그러니 지금 힘들고 불안한 것은 어쩌면 너무도 자연스러운 일이다. 자신만 그런 것이 아니다. 인간이란 원래 그런 존재이다.

하지만 꼭 기억해 두자. 우리는 더 이상 원시시대처럼 환경에 생명을 위협받는 세상에 살고 있지 않다. 그 불안, 그 걱정, 이제는 그렇게까지 끌어안고 살 필요가 없다.

불안은 단지 유전자의 명령일 뿐이다. 이제는 우리가 주도권을 쥐어야 할 때이다. 지금 당장 행복하지 않다고 해서 너무 스트레스받지 말자. 그리고 억지로라도 한 번, 웃어보자.

하하하 웃자 웃어!

선물 같은 하루를 만드는
## 첫 번째 기술

## 초보 인생 가이드

✓ **오늘 하루를 선물로 만들기 위한 아침 다짐 한 줄 쓰기**
아침에 선물 같은 하루를 만들기 위한 다짐을 한 줄로 적는다(생각해 본다).

✓ **선물 같은 하루의 한 줄 기록 남기기**
자기 전, 오늘 하루가 선물인 이유(또는 선물이 아닌 이유)를 기록한다(생각해 본다).

## 인생을 선물처럼 살아가기 위한 질문

**질문 1** 오늘, 나는 무엇에 가장 집중했는가?

**예시 답:** 스마트폰보다 수학 문제 풀이에 집중하려고 노력했다.

**질문 2** 과거의 실수 때문에 오늘을 망치고 있진 않은가?

**예시 답:** 망친 모의고사 결과에 집착하다가 오늘 공부를 못 했다.

**질문 3** 오늘을 잘 살기 위해 내가 실천할 수 있는 1가지는?

**예시 답:** 하루 한 문장 일기를 쓰면서 내 감정을 정리해 보겠다.

## 제 2 장

# 내 인생, 내가 연출한다

"삶의 무대 위 주인공은 언제나 나다."

"남의 우주를 바라보지 말고,
나만의 우주에 집중할 때 진짜 행복이 찾아온다."

"작은 결정이라도 스스로 선택하고 책임질 때, 삶은 내 편이 된다."

# 012
## 별은 스스로 빛난다

별은 스스로 빛난다.

남의 빛에 기대어 잠시 반짝일 수는 있지만, 너무 가까이 다가가면 그 별이 품은 뜨거움과 위험에 빨려들게 된다. 그러니 나만의 빛을 키워 하늘 높이 우뚝 서는 것이 진정한 별이 되는 길이다.

# 013
## 너는 인류 역사의 유산이다

지금 이 순간을 살아가는 너는,
우주와 인류 역사의 집약이자 그 유산이다.

수십억 년에 걸친 진화,
수많은 생존의 선택이 축적된 끝에,
네가 이 세상을 느끼고 경험하게 된 것이다.

살아 있다는 것은 단순한 생존이 아니라,
시간과 가능성이 응축된 존재의 정점이다.

오늘을 버틴 너는
그 긴 여정이 증명한 생명의 결정체이며,
너의 하루는 곧 우주의 연속이다.

그러니 더 이상 자신을 의심하지 마라.

있는 그대로의 너는 이미 충분히 의미 있고,
지금을 살아가는 것만으로도
우주의 이야기를 완성하고 있는 것이다.

# 014
## 대장부의 길을 간다

"천하의 넓은 집인 인(仁)에 거처하고, 천하의 바른 자리인 예(禮)에 서며, 천하의 큰 도리인 의(義)를 행한다. 뜻을 얻으면 백성과 함께 그 길을 가고, 뜻을 얻지 못하면 홀로 그 길을 간다. 부귀로도 나를 방탕하게 할 수 없고, 빈천으로도 나의 뜻을 바꿀 수 없으며, 위세와 무력으로도 나를 굴복시킬 수 없으니, 이를 일러 대장부라 한다."

_『맹자』 중 「등문공 하」

세상은 끊임없이 내 마음을 시험한다.

돈과 인기, 친구의 시선, 당장의 편안함이 나를 다른 길로 유혹할 때가 많다.

하지만 그 순간에 스스로 묻자.

'이게 정말 내가 옳다고 믿는 길인가?

'환경이 좋든 나쁘든, 남들이 알아주든 외면하든,

내 가치와 원칙을 지켜내는 사람이 결국 더 멀리 간다.

부당함에 휩쓸리지 않고, 힘든 상황에서도 뜻을 굽히지 않는 태도,

그게 진짜 강함이고, 세상을 당당하게 살아가는 힘이다.

내 삶의 주인은 오직 나다.

흔들리지 말고, 내 길을 걷자.

# 015
## 내 인생, 내 거야

隨處作主 立處皆眞

수처작주 입처개진

"어디에 있든 주인이 되어라. 그러면 서 있는 그곳이 모두 천국이 될 것이다."

_ 임제 스님

이 문장은 단순히 멋진 격언이 아니다.

'나는 지금 내 인생의 주인인가?'라는 질문 하나가 삶의 방향을 바꾸는 출발점이 될 수 있다.

같은 상황에서도 어떤 사람은 환경이나 타인을 탓하며 주저앉고, 또 어떤 사람은 그 안에서 스스로 의미를 찾고 길을 만들어간다. 결국 인생의 방향은 주어진 조건보다, 그 조건을 어떻게 받아들이고 마주하는지에 따라 달라진다.

임제 스님의 말씀은 대학입시 결과를 대하는 태도에도 그대로 적용된다. 비록 원하는 대학에 미치지 못하더라도(대부분의 경우가 그럴 것임), 나를 불러준 그 대학에서 주인공으로 지낸다면 그곳이 곧 나만의 천국이 될 수 있다.

삶은 한 편의 드라마와 같다. 예기치 못한 시련이 찾아오고, 전혀 예상하지 못한 전개가 이어지기도 한다. 하지만 그 이야기의 중심에는 언제나 나 자신이 있어야 한다. 주인공이란, 시련 앞에서도 끝내 해답을 찾아가는 사람이다. 그런데도 많은 이들이 자신의 인생에서 스스로를 주인공이 아닌 조연으로 밀어내며 살아간다. 주도권을 내어주고 책임을 미루다 보면, 삶은 점점 무기력하고 버겁게 느껴질 수밖에 없다.

그렇다고 삶을 바꾸는 일이 거창할 필요는 없다. 아주 사소한 선택 하나라도 내가 주도해 보는 것이 중요하다. 예를 들어 여행을 계획할 때, '다들 가니까 따라간다.'가 아니라 '나는 어디로 가고 싶은가.'를 먼저 생각하고,

그 선택을 스스로 제안해 보는 것이다. 이런 작은 결정의 경험이 쌓이면, 삶을 주체적으로 살아가는 태도가 점점 단단해진다.

또한, 일이 원하는 대로 흘러가지 않더라도 그것이 내가 선택한 결과라면 기꺼이 받아들이는 자세가 필요하다. 그 태도가 문제 해결의 출발점이자, 새로운 길을 여는 단초가 되기 때문이다. 외부를 탓하지 않고, 현재를 있는 그대로 인정하는 태도야말로 진정한 삶의 주인으로 살아가는 자세이다.

삶의 주인공이란 특별한 사람이 아니다. 스스로 선택하고, 그 선택에 책임지는 사람, 바로 그런 사람이 진짜 주인공이다.

# 016
## 자신의 우주에서 살아야 한다

　평행우주론이 맞는다면, 지금 이 순간에도 수많은 우주가 공존하고 있을 것이다. 하지만 우리에게 중요한 것은 바로 우리가 살아가는 이 우주다. 다른 우주는 있어도 내가 살 수 없는, 나에게는 의미 없는 우주다.

　마찬가지로, 각자에게는 남과는 다른 자신만의 우주가 존재한다. 그리고 그 우주가 가장 중요하다.

하지만 많은 사람들이 타인의 우주를 바라보며 부러워하고, 비교하며 불행을 느낀다. 다른 사람의 성공, 행복, 삶의 모습이 더 빛나 보일 수는 있다. 그러나 우리가 간과하는 것이 있다. 남의 우주는 결코 내가 살 수 있는 곳이 아니라는 사실이다. 우리는 각자의 우주에서 살아가야 한다.

행복해지는 방법의 하나는 내 우주에 집중하는 것이다. 나 자신에게 집중하고, 내 삶에 몰입하고, 내가 좋아하는 것들에 관심을 기울이는 것이다. 나에게 주어진 삶을 온전히 살아가는 것이야말로 행복으로 가는 길이다.

남과 비교하는 습관은 쉽게 생기지만, 그로 인해 얻는 것은 불행뿐이다. 비교하는 순간 우리는 자신의 소중한 우주를 외면하고, 다른 우주를 동경하며 불필요한 상처를 받는다. 하지만 우리가 바라봐야 할 것은 타인이 아니라 내가 만들어가는 삶이다.

지금 내 삶에서 좋은 점을 찾아보자. 내가 가진 것, 내가 할 수 있는 것, 나만이 누릴 수 있는 것들에 집중하자. 그리고 그 안에서 만족과 기쁨을 발견하자. 비교하지 않을 때, 우리는 진정한 자유를 얻게 된다.

남의 우주가 아닌 나의 우주에서 살아가자. 그 속에서 행복을 찾는다면, 이미 충분히 빛나는 삶을 살고 있는 것이다.

# 017
## 자신의 재능을 가벼이 여기지 말라

 자신의 재능을 가볍게 여기지 말아야 한다. 지금 내가 가진 의심, '내가 될 리가 없지.'라는 생각은 과거 수많은 사람들도 해왔던 말이다. 하지만 그들 중 일부는, 끝까지 자기 가능성을 놓지 않았고 결국 세상이 주목하는 사람이 되었다.

 조앤 K. 롤링은 한때 무직 상태로 아이를 키우며 살아가던 평범한 엄마였다. 자신의 글이 쓸모없다고 생각하면서도, 매일 같이 원고를 써 내려갔다.

수차례 출판사에서 퇴짜를 맞았지만 끝내 포기하지 않았고, 결국 『해리 포터』는 전 세계를 사로잡았다. 그녀는 몰랐다. 자신에게 그렇게 큰 이야기를 만들어낼 재능이 있는지.

우리도 마찬가지다. 대부분의 사람은 아직 자기 자신을 다 모른다. 해보지 않아서 모르는 거다. 끝까지 해보면 안다. 나에게 어떤 힘이 숨어 있는지, 어떤 재능이 자라고 있는지.

지금의 나는 미완성이지만, 동시에 무한한 가능성이다. 그러니 자신을 의심하지 마라. 세상 누구도 나를 대신 증명해 주지 않는다. 나 자신이 나를 증명해야 한다.

# 018
## 세상은 아는 만큼 보인다

공부가 재미없고, 왜 해야 하는지 모르겠고, 그냥 대학 가려고 억지로 공부하고 있다면?

공부는 대학 가기 위해서만 하는 게 아니다. 공부는 세상을 제대로 이해하고, 남들 말에 휘둘리지 않고 내 인생을 스스로 결정하기 위한 도구이기도 하다.

물가가 오르면 왜 금리를 올리는지, 환율은 왜 변동하는지, 대통령 탄핵 시 어떤 절차를 거치는지, 의원내각제와 대통령제는 뭐가 다른지, AI는 왜 통계를 기반으로 작동하는지, 여론조사에서 '오차범위 내 우세'는 무슨 뜻인지, 환경 변화가 어떤 결과를 가져오는지.

이런 걸 이해하려면, 지금 배우는 국어, 수학, 사회, 과학이 전부 밑바탕이 되어야 한다. 이런 것들은 앞으로 살아갈 세상에서 제대로 판단하고, 속지 않고, 주체적으로 결정하는 데 꼭 필요한 무기이다.

왜 배우는지를 알게 되면, 공부가 재미있어진다. '이걸 알아야 세상이 제대로 보이겠구나.'라고 느끼는 순간부터, 그냥 억지로 외우던 게 아니라 자기 삶에 필요한 퍼즐을 하나씩 맞추는 느낌이 들기 시작한다.

지금의 공부는 단순한 지식 쌓기가 아니다. 앞으로 자신이 살아갈 인생을 제대로 읽고, 주도적으로 선택할 수 있게 해주는 근육을 기르는 과정이다. 이걸 아는 사람이, 공부를 제대로 하는 사람이다.

# 019
## 세상은 흑백 아닌 총천연색이다

세상은 흑과 백으로 단순히 나뉘지 않는다. 현실은 총천연색처럼 복잡하고 다채롭다. 이분법적 시각에 갇히면 중요한 진실을 놓치고, 삶은 단조롭고 빈약해질 수 있다.

삶의 일들은 이론처럼 단순하지 않다. 선한 의도가 반드시 선한 결과로 이어지지 않고, 초기 성공이 더 큰 실패로 변하기도 한다. 반대로 작은 실패가 오히려 단단한 성공의 기반이 되기도 한다. 역사를 보아도 애국심 가득한

명장의 용맹이 나라의 멸망을 앞당기기도 했고, 폭군의 전횡이 오히려 의회민주주의의 길을 열기도 했다. 도박사의 계산이 학문적 통계학으로 발전한 것처럼, 부정적이라 여겼던 것들이 새로운 진보의 씨앗이 되기도 한다.

따라서 세상에는 절대적인 기준이 없음을 기억해야 한다. 다만 어떤 상황에서도 지켜야 할 가치는 '신뢰'다. 말과 행동으로 타인에게 상처를 주지 않도록 조심하고, 열린 시선으로 세상을 바라볼 때 우리의 삶은 더 넓고 풍성해진다.

# 020
## 속도보다 방향, 방향보다 태도가 중요하다

속도보다 중요한 건 방향이고, 방향보다 더 중요한 건 태도다.

아무리 빨리 가도 엉뚱한 길이면 소용없고, 방향이 흔들릴 때도 결국 버텨주는 건 태도다. 새로움에 열려 있는 유연함, 실수를 감수하는 용기, 그 마음가짐이 인생의 확실한 기반이 된다.

### 선물 같은 하루를 만드는
# 두 번째 기술

## 초보 인생 가이드

✓ **'내 인생의 주인공' 선언하기**
하루 한 번, "나는 내 인생의 주인공이다."라는 문장을 소리 내어 말한다.

✓ **타인과 비교 멈추고 나에게 집중하기**
주변인과 비교 대신, 오늘 내가 할 일에 집중한다.

## 인생을 선물처럼 살아가기 위한 질문

**질문 4** 지금 내가 선택하고 주도하고 있는 삶의 영역은 무엇인가?

**예시 답:** 진로에 대해 스스로 자료를 찾아보고, 학과 탐색도 하고 있다.

---

**질문 5** 나는 누구의 기대 때문에 나 자신을 억누르고 있는가?

**예시 답:** 부모님 기대 때문에 적성에 맞는 공학이 아닌 의대 진학을 고민하고 있다.

---

**질문 6** '내 인생을 내가 산다.'라는 걸 가장 잘 느꼈던 순간은?

**예시 답:** 입시로 바쁘지만 내가 원해서 독서동아리에 들어갔을 때.

# 제3장
# 꾸준함이 큰 차이를 만든다

"재능보다 강력한 건 멈추지 않는 꾸준함이다."

"작은 습관 하나가 태도를 만들고, 태도가 결국 나를 만든다."

"포기하지 않는 평범함이야말로 가장 비범한 무기다."

# 021

## 바람이 계속 불면 산도 움직인다

『주역(周易)』은 세상의 모든 것이 끊임없이 변화하고 흐른다는 원리를 전하는 동양의 고전이다. 그 속에는 인간사와 자연의 이치를 64가지 상황으로 풀어낸 64괘(卦)가 등장하며, 각 괘는 한 시대, 한순간의 운세와 흐름을 상징한다.

주역의 제53괘 풍산점(風山漸, ䷴)은 바람(風, ☴)이 산(山, ☶)을 타고 천천히 올라가는 모습을 그린다. 눈에 보이지 않는 바람도 멈추지 않고 불어오면 나무를 흔들고, 지형을 바꾼다. 이 괘는 작은 움직임이라도 끊임없이 이어지면 큰 변화를 이룬다는 진리를 담고 있다.

대학입시를 준비하는 수험생의 하루도 마찬가지다. 오늘의 공부는 당장 눈에 띄지 않을 수 있지만, 그 축적은 결국 삶을 바꾸는 거대한 힘이 된다.

중요한 건 속도가 아니다. 방향을 잃지 않고, 포기하지 않고, 조금씩이라도 나아가는 것.

바람이 산을 옮기듯, 꾸준한 노력은 불가능해 보이던 목표도 현실로 만든다. 지금의 한 걸음이 언젠가 놀라운 성취로 이어질 것이다.

그러니 조급해하지 말자. 천천히, 그러나 꾸준히, 그것이 진짜 성장의 길이다.

# 022
## 우직한 소가 만 리를 간다

우보만리(牛步萬里), 느린 소걸음이라도 멈추지 않으면 끝내 목적지에 도달한다.

남들과 비교해 더디고 느려도 괜찮다. 지금 이 순간 한 문제, 한 페이지에 집중하며 자신의 속도로 묵묵히 나아가면 언젠가 목적지에 닿게 될 것이다.

# 023
## 좋은 습관이 좋은 태도를 만든다

"자리가 사람을 만든다."라는 말이 있다. 처음에는 그 자리에 어울리지 않던 사람도, 시간이 지나면 점점 그 지위에 걸맞은 태도와 말투, 책임감을 갖게 된다는 뜻이다. 이 속담은 내면의 변화가 행동을 이끄는 경우도 있지만, 반대로 행동이 내면을 변화시키기도 한다는 사실을 보여준다.

이 원리는 소비자 행동론의 자기지각 이론(self-perception theory)으로도 설명된다. 이 이론에 따르면, 사람은 확고한 태도가 형성되어 있지 않은 상태에서는 자신의 행동을 관찰한 뒤 "내가 이런 행동을 했으니, 나는 이런 사람인가 보다."라고 스스로 해석한다. 즉, 행동이 태도를 만들고, 그 태도가 자아를 형성한다는 것이다.

이 원리는 지금 대학입시를 준비하는 고등학생들에게도 중요한 시사점을 준다. 많은 학생들이 "공부는 내 취향이 아니야."라며 책상 앞에 앉기를 주저하지만, 실제로는 행동이 태도를 만들어낼 수도 있다.

예를 들어, 매일 저녁 정해진 시간에 책상에 앉고, 몇 시간 공부하는 습관을 들이면, 그 반복되는 행동을 지켜보며 스스로 이렇게 생각하게 된다.
"나는 학구파다."
"나는 노력하는 스타일이다."
이런 인식은 점점 자신에 대한 믿음으로 자리 잡고, 결국 진짜 태도로 굳어진다.

실제로 성공하는 사람들을 보면 스스로를 긍정적으로 인식하게 만드는 습관을 만들어온 경우가 많다. 결국 중요한 건 오늘 하루의 행동이다. 그 하루가 쌓여 "나는 이런 사람이다."라는 믿음을 만든다.

그러니 기억하자. 좋은 태도를 갖고 싶다면, 먼저 좋은 행동부터 반복해 보자. 그 습관이 결국 나 자신을 바꾼다. 자리가 사람을 만들듯, 습관이 나를 만든다.

# 024
## 지금 땀 흘리지 않으면 나중에 눈물 흘린다

지금 땀 흘리지 않으면, 나중에 눈물 흘리게 된다.
지금 눈물 흘리지 않으면, 나중에 피눈물 흘리게 된다.
10대에 공부하지 않으면, 50대에 공부해야 한다.

# 025
## 작은 습관이 성공을 불러온다

성공을 이루기 위해서는 단순한 결심이나 강한 의지만으로는 부족하다. 이는 뇌의 작동 방식과 깊은 관련이 있다.

우리의 뇌는 전체 체중의 약 2%밖에 되지 않지만, 평소에도 신체 에너지의 20% 이상을 소모할 정도로 에너지 집약적인 기관이다. 이처럼 기본적인 상태에서도 많은 에너지를 사용하는 뇌는, 새로운 것을 시도하거나 익숙하지 않은 행동을 할 때 추가적인 인지 자원과 에너지를 요구한다. 그래서 새로운 결심이나 계획은 뇌에게 부담이 되며, 피로와 저항을 유발한다. 그 결과 결심이 오래 지속되지 못하고 쉽게 중단된다.

이런 이유로, 성공을 위해 가장 필요한 것은 좋은 습관이다. 습관이란 반복을 통해 뇌가 자동으로 처리하게 된 행동을 말한다. 일단 어떤 행동이 습관으로 자리 잡히면, 뇌는 더 이상 그 행동을 수행할 때 많은 에너지를 쓰지 않게 된다. 쉽게 말해, 습관은 에너지 소모를 줄여주는 인지적 지름길이다.

하지만 이 습관도 하루아침에 만들어지지 않는다. 처음부터 큰 목표를 세우고 한꺼번에 바꾸려 하면, 뇌는 과부하를 느끼고 쉽게 포기하게 된다. 따라서 성공을 위해서는 작고 단순한 행동부터 시작해 점진적으로 변화시키는 것이 중요하다. 예를 들어 운동을 시작하고 싶다면 처음부터 1시간씩 하겠다는 결심보다는, 하루 5분이라도 꾸준히 움직이는 습관을 들이는 것이 더 현실적이고 지속 가능하다.

결론적으로, 공부든 인생이든 성공은 거창한 결단이 아니라 작고 반복 가능한 습관의 누적에서 비롯된다. 뇌의 작동 원리를 이해하고, 그에 맞는 방식으로 접근할 때 비로소 결심은 지속되고, 변화는 가능해진다. 습관이 되면 에너지를 아끼면서도 원하는 삶을 향해 자연스럽게 나아갈 수 있게 된다. 작은 습관이 결국 인생을 바꾸는 가장 강력한 힘인 이유가 바로 여기에 있다.

# 026
## 작은 성공 경험을 쌓아라

 작은 성공 경험은 자기 효능감을 높이고 지속적인 동기를 부여하는 핵심이다. 거창한 목표만 바라보다가 실패하는 사람들과 달리, 하루 10분 독서나 일찍 일어나기 같은 사소한 성취를 반복하는 사람은 점차 자신을 믿게 되고, 그 신뢰가 결국 큰 성공으로 이어진다. 큰 성과는 단번에 이루어지지 않으며, 작고 확실한 성공들이 쌓여 만들어지는 결과이다. 습관, 노력, 지속성이라는 작은 씨앗이 성공이라는 큰 나무로 성장한다.

# 027
## 꾸준히 물 부으면 콩나물은 자란다

콩나물에 물을 아무리 부어도 금세 빠져나가지만, 눈에 띄지 않게 스며든 물들이 모여 콩나물을 자라게 한다.

공부도 마찬가지다. 외운 내용을 잊고, 같은 문제를 반복해 틀릴 때 회의감이 들 수 있지만, 그 모든 반복과 시행착오가 결국 사고력과 이해력이라는 깊은 뿌리로 이어진다.

성장은 단번에 드러나지 않는다. 겉으로 보이지 않아도 조용히, 꾸준히 쌓이고 있다는 사실을 믿어야 한다. 결국 실력을 만드는 힘은 특별한 재능이 아니라, 멈추지 않는 꾸준함이다.

# 028
## 천재가 아닌 나를 다르게 만드는 건 노력이다

피카소가 끊임없이 그림 그리는 모습

性相近也 習相遠也

성상근야 습상원야

"본성은 서로 비슷하나, 익히는 것에 의해 서로 멀어진다."

_『논어』 중 「양화편」

공자는 "본성은 서로 비슷하나, 익히는 것에 의해 서로 멀어진다."라고 했다. 인간은 누구나 비슷한 본성을 갖고 태어나지만, 배우고 익히는 과정에서 각자의 삶은 점점 다른 방향으로 흘러간다.

여기서 '익히다'는 단순히 책상 앞에서 지식을 쌓는 것을 의미하지 않는다. 진정한 익힘은 배운 것을 삶에 적용해 보고, 실패를 겪으며 깨닫고, 다시 실천하면서 몸에 새기는 과정을 뜻한다. 단순한 암기나 반복이 아니라, 행동을 통해 스스로를 변화시키는 것이 '익힘'의 핵심이다.

단순히 어제와 같은 일을 반복하는 노오력 만으로는 차이를 만들기 어렵다. 중요한 것은 어제의 문제를 되돌아보고, 부족했던 점을 개선하려는 자세이다. 무의미한 반복이 아니라, 성찰과 개선이 동반된 노력이야말로 차이를 만드는 본질이다.

물론 뉴턴이나 아인슈타인처럼 타고난 재능으로 시대를 바꾼 인물들도 있다. 그러나 그들 또한 예외 없이 자신이 하는 일에 깊이 몰입하며 끊임없이 정진했다. 피카소는 "영감은 일할 때 찾아온다."라고 했고, 그는 실패한 수천 장의 그림 위에 새로운 걸작을 쌓아 올렸다. 스티브 잡스 역시 끝없는 완벽주의와 집요함으로 애플을 혁신의 아이콘으로 만들었다.

우리 대부분은 이런 천재는 아니다. 하지만 평범한 재능을 가진 사람들 사이에서 차이를 만드는 것은 배우고, 실천하고, 개선하는 끊임없는 노력이다.

실천을 통해 배운 것을 다지고, 어제를 넘어서기 위한 오늘의 시도가 쌓일 때, 우리는 진짜 차이를 만들어낼 수 있다. 그것이야말로 천재가 아닌 우리를 성장시키는 유일한 길이다.

# 029
## 재능이 없으면 습득하면 된다

"천부적인 재능이 없다고 비관할 필요는 없다. 재능이 없다고 생각한다면, 그것을 습득하면 된다."

_ 프리드리히 니체

타고난 재능의 차이는 분명 존재한다. 하지만 그 차이가 전부를 결정하지는 않는다. 꾸준한 노력은 부족한 부분을 메우고, 때로는 그 이상의 힘을 발휘한다.

모든 걸 완벽히 뒤집을 수는 없어도, 원하는 목표에 닿을 만큼은 충분히 극복할 수 있다. 중요한 건 남과 비교해 좌절하는 게 아니라, 어제의 나보다 나아지는 것이다.

# 030
## 안타까운 일과 부끄러운 일

가장이 능력이 부족해 가족이 가난하면, 그건 안타까운 일이다.
가장이 일을 게을리해 가족이 가난하면, 그건 부끄러운 일이다.

학생이 공부 머리가 부족해 성적이 오르지 않으면, 그건 안타까운 일이다.
학생이 스스로 게을러 부모에게 걱정을 끼친다면, 그건 부끄러운 일이다.

# 031
## 다행스러운 일과 자랑스러운 일

전교권 학생이 명문대에 진학한다면, 그건 다행스러운 일이다.

평범한 학생이 끝까지 노력해 자신의 한계를 넘어선다면, 그건 자랑스러운 일이다.

### 선물 같은 하루를 만드는
# 세 번째 기술

## 초보 인생 가이드

**✓ 매일의 루틴 정해서 실천하기**
내 리듬에 맞는 매일의 루틴을 정해서 실천한다.

**✓ 오늘의 루틴 돌아보기**
일과 후, 오늘 나의 루틴이 성공적이었는지, 개선할 점은 무엇인지 살펴본다.

## 인생을 선물처럼 살아가기 위한 질문

**질문 7**  **내가 가장 오래 이어온 좋은 습관은 무엇인가?**

**예시 답:** 매일 밤 10분씩 하루를 정리하기.

---

**질문 8**  **작지만 반복해서 성공했던 경험이 있다면?**

**예시 답:** 모의고사 끝나고 당일 오답 노트 작성하기.

---

**질문 9**  **지금 멈추고 있는 건 무엇이고, 다시 시작할 수 있는 건?**

**예시 답:** 한때 즐기던 다양한 분야에서의 독서, 입시가 끝나면 다시 시작할 예정이다.

---

제4장

# 다시 일어설 때 강해진다

"넘어짐은 실패가 아니다. 다시 일어서는 순간,
시련은 성장의 연금술이 된다."

"'역경'을 뒤집으면 '경력'이 된다. 해석이 운명을 바꾼다."

"나는 멈춘 게 아니다. 나는 지금 만들어지는 중이다."

# 032
## 시련은 하늘이 나를 단련하는 연금술이다

하늘은 아무에게나 큰일을 맡기지 않는다.
그 일을 감당할 수 있는 사람인지 먼저 시험한다.
마음을 흔들고, 몸을 지치게 하고,
계획은 어긋나고, 노력은 종종 무력해 보인다.
때로는 세상이 나만 미워하는 것처럼 느껴질 때도 있다.

하지만 곧 알게 된다.

이건 나를 꺾기 위한 고통이 아니라,
나를 더 단단하게 만들기 위한 하늘의 연금술이라는 걸.
쇠가 검이 되기 위해서는 뜨거운 불을 견디고,
수없이 두들겨져야 하듯,
지금 겪는 시련은 더 강하고 깊은 사람으로 나를 빚는 과정이다.

모의고사 성적이 흔들렸다면,
그건 더 단단히 나를 다듬으라는 신호일 수 있다.
원하던 대학입시에 실패했다면,
그건 내게 더 어울리는 길을 찾으라는 이정표일 수 있다.

하지만 시련이 모두에게 연금술이 되는 건 아니다.
지금 이 시련이 나를 단련하는 불이 될지,
아니면 나를 무너뜨리는 장애물이 될지는
오직 내 태도에 달려 있다.

불을 두려워하면 쇠는 녹아 사라진다.
그러나 불을 견디면 쇠는 검이 된다.
혼란과 불안, 좌절 앞에서 내가 어떤 선택을 하느냐에 따라
나는 더 강해질 수도 있고, 주저앉을 수도 있다.

나는 지금 멈춘 게 아니다.
나는 지금 만들어지는 중이다.

포기하지 않고 끝까지 나를 믿는다면,
완성의 순간은 반드시 찾아온다.

그리고 그날, 나는 자신 있게 말할 수 있을 것이다.
"이 모든 시련은, 나를 만든 연금술이었다."라고

# 033
## 생각을 바꾸면 역경은 경력이 된다

과거 역경을 든든한 경력으로 활용하기

인생에서 꿈보다 해몽이 더 중요할 때가 있다. 바로 결과를 받아들일 때이다. 결과보다 중요한 건, 그걸 어떻게 받아들이고 해석하느냐이다. 어떤 일이든 내가 어떻게 의미를 붙이느냐에 따라 그 결과가 내 인생을 망칠 수도, 다시 시작하게 만들 수도 있다.

고등학생이라면 누구나 메디컬 가고 싶어 하고, SKY 가고 싶어 하고, 인서울 하고 싶어 한다. 그런데 연말쯤 되면 다들 현실 앞에서 한 번쯤 무너지게 된다. 꿈을 이루는 사람보다 못 이루는 사람이 훨씬 많기 때문이다. 이건 어쩔 수 없는 일이다.

그럼 꿈을 못 이룬 사람은 다 불행할까? 꿈 이룬 사람은 다 행복할까? 그럴 리가 없다. 정말 중요한 건 결과 그 자체가 아니라, 그걸 바라보는 내 시선이다.

'역경'이라는 단어를 거꾸로 읽어보자.
'경력'이 된다.
역경도 지나고 나서 돌아보면, 내 인생의 경력이 될 수 있다.

그런데 이게 저절로 되는 건 아니다. 단어를 거꾸로 읽듯이, 내 생각을 뒤집는 순간이 있어야 한다.

그 첫걸음은 바로, 어떤 결과에 대해서도 의미를 붙이는 것이다. 실패했더라도 거기서 뭐가 문제였는지 배우고, 뭘 고쳐야 하는지 생각해 봐야, 다음에 제대로 다시 시작할 수 있다.

일상에서 같은 일이 반복될 수 있다. 그런데 그 일에 의미를 붙이면, 더는 그 일에 묶이지 않고 앞으로 나아갈 수 있다. 그래서 인생은 결국 꿈보다 해몽이다. 어떻게 해석하느냐가, 어떻게 살아가느냐를 결정하게 된다.

# 034
## 비 오는 날도 너에겐 필요해

비가 와야 식물이 자란다.

햇살만으로는 꽃도 열매도 맺히지 않는다. 거대한 산불도 결국 빗물 앞에 꺼진다.

비는 때로 거칠고 버겁지만, 그 물방울이 스며들어야 뿌리는 단단해지고, 줄기는 하늘을 향해 끝없이 뻗는다.

인생도 그렇다.

쉬운 길과 계속된 성공만으로는 의미 있는 성장을 이루기 어렵다. 넘어짐과 눈물, 실패와 좌절이라는 비를 맞아야 우리는 뿌리를 내리고, 그 뿌리에서 힘을 얻어 더 높이 올라간다.

# 035
## 다시 일어설 용기를 잃지 마라

 넘어짐은 누구에게나 있는 일이다. 실패는 창피한 것도, 끝도 아니다. 문제는 넘어지는 것이 아니라, 그 뒤에 다시 일어설 용기를 잃는 것이다.

 삶은 반복된 도전과 회복의 연속이다. 한 번의 실수에 주저앉지 말고, 다시 일어서는 자신을 믿어야 한다. 넘어짐보다 더 두려운 건 다시 일어서려는 마음을 놓아버리는 일이다.

# 036
## 가스라이팅에 맞서는 용기

현대사회는 나를 못났다고 말한다. 그러나 나는 나로서 괜찮다.

"인서울도 못하냐?"
"그 얼굴로 뭘 하겠니?"
"그 능력으론 택도 없다."

이런 말, 들어본 적 있을 것이다. 처음에는 웃어넘기지만, 반복되다 보면 어느새 나도 모르게 스스로를 의심하게 된다.

현대사회는 끊임없이 기준을 들이댄다. 좋은 대학, 탄탄한 커리어, 평균 이상 외모, 그리고 사회가 정한 정답 같은 삶.

그 정답에서 벗어난 순간, 우리에게는 낙오자, 패배자, 루저라는 낙인이 찍힌다. 그러나 그 기준은 결코 나를 위한 것이 아니다. 그저 비교와 평가를 위한 도구일 뿐이다.

그렇다면 우리는 어떻게 이 흐름을 거슬러야 할까?
먼저, 나를 검열하지 않는 것이다. 지금 느끼는 감정, 지금 처한 모습 그대로를 인정해 주는 것. 그것이 자존감의 시작이다.

그리고 사회의 기준을 의심하는 것이다. 정상이라는 말 뒤에 숨어 있는 수많은 강요들을 걷어내야 한다. 남이 만든 기준을 따를 이유가 없다.

또, 나를 있는 그대로 받아들이는 사람들과 연결되어야 한다. 비슷한 경험을 나누며, 서로의 존재를 확인받을 때 비로소 우리는 회복될 수 있다.

마지막으로, 행복은 자격이 아니라 선택임을 기억해야 한다. 조금 느려도, 조금 부족해도 괜찮다. 나는 나로서 이미 존귀하다.

# 037
## 용기와 회복탄력성

'용기(Courage)'는 어둠 속에서 피어나는 불꽃이요, '회복탄력성(Resilience)'은 거센 바람 속에서 다시 살아나는 불씨다.

보이지 않는 절망의 시간 속에서 처음으로 타오르는 내면의 빛이 바로 용기(Courage)다. 주변이 아무리 캄캄해도, 스스로를 태워 희망을 밝히는 힘이 용기다.

꺼져버린 줄 알았던 불씨가 바람 속에서 다시 타오르듯, 회복탄력성은 무너진 상황에서도 되살아나는 생명력이다. 시련에 흔들리되 꺾이지 않고, 다시 일어서는 힘이 회복탄력성(Resilience)이다.

입시는 분명 쉽지 않은 길이지만, 그 안에서 지켜야 할 건 스스로를 태우는 용기와 다시 일어나는 힘이다. 결과가 어떠하든, 그 과정에서 얻은 경험과 성장은 반드시 자신의 자산이 된다. 무너졌다고 해서 끝난 것이 아니고, 잠시 흔들렸다고 해서 자기 미래가 사라지는 것도 아니다. 불씨는 다시 살아나고, 어둠 속에서도 빛은 반드시 피어난다. 그러니 지금 이 순간도 자신의 길 위에서 소중한 한 걸음임을 잊지 말자.

# 038
## 열정은 마음의 온도

공부는 자세나 형식이 아니라 마음의 온도인 열정에서 시작된다.

내가 왜 이 자리에 앉아 있는지, 무엇을 이루고 싶은지를 스스로 납득할 때 비로소 집중은 생기고, 성장은 따라온다. 지금 내 열정이 체온만큼 뜨겁다면, 그 시간은 반드시 결과로 이어진다.

# 039
## 저 높은 곳을 향하여

출처: 필자 제공, 〈하늘을 향해 걷는 사람들〉

저 높은 곳에 오르려면, 누구나 한 계단씩 차근차근 올라가야 한다.

다만, 어떤 사람은 타고난 재능 덕분에 처음부터 2/3 지점에서 출발하고, 또 어떤 사람은 괜찮은 환경과 능력으로 중간쯤에서 시작한다. 부모의 지원으로 1/3 지점에서 시작하는 사람도 있다. 그리고 아무런 도움 없이 맨 아래에서 시작하는 사람도 많다.

냉정히 말하자면, 바닥에서 꼭대기까지 올라가는 건 현실적으로 쉽지 않다. 확률이 낮다. 그게 지금 우리가 마주한 현실이다.

그러나 꾸준히, 멈추지 않고 나아간다면, 적어도 중간 이상은 도달할 수 있다. 아마 2/3 지점까지도 가능할 것이다. 그리고 그 정도면, 충분히 의미 있고, 행복하게 살 수 있다.

주변을 돌아보자. SKY를 나와도 불행한 사람은 많고, 그렇지 않아도 자기 삶을 단단하게 살아가는 사람도 많다. 중요한 건, 어디서 시작했느냐가 아니라, 어디에서든 얼마나 충실히 살아가느냐, 그리고 계속 앞으로 나아가려는 마음이 있느냐다.

대학은 인생의 하나의 과정일 뿐이다. 지금은 목표 대학을 향해 최선을 다하되, 그 안에서 자신만의 방향과 기준을 잃지 말아야 한다. 그리고 어디에 가든, 그다음 계단을 향해 나아가야 하는 건 마찬가지다.

꼭 명심하자. 내가 경쟁할 상대는 천재도, 엄청난 부자도 아니다. 내가 의사가 아니라면 의사와 경쟁할 일 없고, 내가 물리학자가 아니라면 물리학 괴짜들과 경쟁할 일도 없다. 사회에서 내가 마주할 대부분의 상대는 나와 비슷한 조건에서 출발한 평범한 사람들이다. 그리고 이들과 경쟁할 때 최고의 전략은, 지금처럼 저 높은 곳을 향해 한 발 한 발 나아가는 그 습관을 잊지 않는 것이다.

이 습관이 단기적으론 대학입시에서 빛을 발하지 못할 수도 있다. 하지만 그 꾸준함은 언젠가 반드시 나를 이끌어줄 것이다. 세상은 결국, 끝까지 걷는 사람을 이기지 못한다.

그러니까 지금은, 저 높은 곳을 향해 힘차게 걸어가자.

# 040
## 물러설 수 없을 때 강해진다

"나를 죽이지 못하는 것은 나를 더 강하게 만든다."

_ 프리드리히 니체

중국의 명장 한신은 병사들을 강을 등진 채 배치했다.

도망칠 길이 없도록, 물러설 수 없게.

결과는 대승.

죽기 살기로 싸운 그 전투에서

우리는 지금도 하나의 교훈을 얻는다.
"배수진, 물러설 수 없을 때 인간은 강해진다."

수능 디데이 - 60일
수시전형 준비하는 너에게 묻는다.
수능 최저 앞에서 도망칠 거냐?
아니면, 그걸 배수진 삼아 사력을 다할 거냐?

퇴로를 만들지 마라.
배수의 진을 쳐라.
그러면 너도 모르던 너의 힘을 알게 될 것이다.

# 041
## 하늘은 스스로 돕는 자를 돕는다

하늘은 스스로 돕는 자를 돕는다.
먼저 자신이 해야 할 일 하지 않으면,
하늘에서도 땅에서도 구원받지 못한다.

선물 같은 하루를 만드는
## 네 번째 기술

### 초보 인생 가이드

✓ **'다시 일어서기 다짐' 문장 준비하기**
힘들 때 꺼낼 수 있는 문구를 머릿속에 넣어둔다.
**예시 문장:** "나를 죽이지 못하는 것은 나를 더 강하게 만든다."

✓ **오늘의 좌절 경험 돌아보기**
오늘의 좌절을 짧게 돌아보고, 배울 점을 기록한다.

### 인생을 선물처럼 살아가기 위한 질문

**질문 10** 최근 좌절했던 일이 있다면?

**예시 답:** 올리려던 내신이 더 떨어졌을 때 무기력했지만, 결국 부족한 수학을 다시 붙잡았다.

---

**질문 11** 내가 이겨낸 시련은 나에게 어떤 자산이 되었는가?

**예시 답:** 입시 실패 후 재수의 경험이 이후의 집중력과 끈기의 근원이 되었다.

---

**질문 12** 다시 시작할 힘을 주는 나만의 말이나 문장이 있다면?

**예시 답:** "나의 드라마는 아직 끝나지 않았다." 이 말을 되뇌며 일어난다.

## 제5장
# 성공보다 성장이 나를 이끈다

"성장은 남과의 비교가 아니라 나의 변화로 시작된다."

"작은 성취를 기록하라. 그것이 평생을 이끄는 자산이 된다."

"매일의 작은 선택이 나를 만든다."

# 042
## 성공보다 성장을 추구하라

성공을 목표로 하면 끝없는 경쟁과 비교 속에서 불안과 초조함에 휩싸이지만, 성장은 어제의 나보다 나아지는 과정이기에 비교할 필요 없이 꾸준히 나아갈 수 있다.

특히, 성장은 경쟁보다 협력을 통해 더 큰 시너지를 만들어내며, 함께 배우고 돕는 과정에서 깊은 의미를 찾을 수 있다. 협력 속에서는 각자의 강점이 모여 더 큰 가능성이 열리고, 혼자서는 결코 도달할 수 없는 성취를 이룰 수 있다.

중요한 것은 목표를 이루는 것이 아니라 성장하는 과정 자체에서 보람과 즐거움을 느끼는 것이며, 결과에 연연하지 않고 매일 조금씩 나아가는 삶이 더 가치 있다. 결국, 우리가 추구해야 할 것은 단기적인 성공이 아니라 지속적인 성장이다.

# 043
## 지금 가진 것에 집중하라

'Having'은 지금 내가 가진 것에 집중하고, 그것만으로도 충분하다고 느끼는 태도를 말한다. 이 개념은 『더 해빙』에서 운명학 전문가 이서윤이 강조한 부와 행복의 핵심 원리로, 단돈 1달러라도 내 지갑에 있는 돈에 주목하며 충만함을 느끼는 데서 출발한다. 이는 단순한 긍정적 사고가 아니라, 심리학과 뇌과학에 기반한 효과적인 전략이다.

긍정심리학에서는 이러한 태도를 '감사(gratitude)'로 설명한다. 마틴 셀리그먼을 비롯한 긍정심리학 학자들은 감사하는 습관이 삶의 만족도를 높이고 우울을 줄이는 데 도움이 된다고 본다. 실제로 감사한 일을 매일 기록한 사람들은 그렇지 않은 사람들보다 정서적으로 안정되고 긍정적인 감정을 더 자주 경험한다는 연구 결과도 있다.

또한 뇌과학적으로도 Having은 설득력이 있다. 지금 가진 것에 집중하면 뇌의 보상 중추가 활성화되어 도파민이 분비되고, 이는 동기부여와 긍정 정서를 자극한다. 중요한 것은 실제 소유의 양보다 그것을 어떻게 인식하느냐가 행복감에 더 큰 영향을 미친다는 점이다.

무엇보다도, 내가 지금 가지지 못한 것, 혹은 당장 가질 수 없는 것에 대한 미련을 과감히 내려놓아야 비로소 현재 가진 것의 가치를 온전히 느낄 수 있다. 부족함에 집중할수록 충만함은 멀어진다. 반대로 결핍 대신 가진 것에 초점을 맞출 때, 우리는 이미 충분히 갖추고 있음을 깨닫게 된다.

결국 Having은 현재의 조건을 받아들이고, 그 안에서 의미를 발견하는 능력이다. 지금 이 순간 내가 가진 것의 가치를 인식하고, 실력과 시간, 노력의 의미를 긍정하며 그것들을 충실히 활용하는 태도야말로 심리적으로나 생물학적으로 지속 가능한 행복과 더 나은 결과로 이어지는 길이다.

# 044
## 마음에 맞는 멘토를 찾아라

 필자의 딸이 지도한 한 학생의 사례를 통해, 의지가 부족하던 아이가 변화한 과정을 살펴본다.

 현재 대학생인 딸은 국어에 재능이 있는 아이로, 사람과 관계 맺기에 서툰 편이라 그동안 과외보다는 식당 아르바이트를 주로 해왔다. 그러다 지자체에서 운영하는 과외 지원 프로그램에 참여하였고, 한 여학생에게 국어를 가르칠 기회를 얻게 되었다.

처음 만난 학생은 국어 점수가 40점대에 머물러 있었고, 공부 습관이나 의지도 거의 없었다. 딸은 학생의 눈높이에 맞춰 천천히 접근했고, 무엇보다 언니처럼 다가가며 관계를 형성하는 데 집중했다.

그 결과 몇 달 후, 학생의 국어 점수는 80점대로 올랐고, 기말고사에는 무려 90점을 받았다.

이 변화의 핵심은 관계다. 학생은 딸을 단순한 과외 선생님이 아니라 믿고 따를 수 있는 언니로 받아들였고, 그 신뢰가 공부에 대한 태도와 의지를 바꾸는 원동력이 되었다. 단순히 성적이 오른 것이 아니라, '나도 할 수 있다.'라는 자기 효능감을 갖게 된 것이 가장 큰 성과였다.

공부를 하지 않는 것은 단지 게으름의 문제가 아닐 수 있다. 의지할 사람이 없기 때문에, 방향을 잡아줄 누군가가 없기 때문에 포기하는 경우도 있다. 옆에서 진심으로 도와주고, 따뜻하게 이끌어주는 사람만 있다면 아이는 다시 시작할 수 있다.

결국 아이를 변화시키는 건 학습법이 아니라 사람이다. 공부를 잘 가르치는 선생님도 중요하지만, 정서적으로 기댈 수 있는 존재가 아이에게는 더 큰 힘이 된다.

자녀가 요즘 공부에 흥미를 잃고 있다면, 혼내기보다 먼저 곁에서 따뜻하게 이끌어줄 사람을 찾아주는 것이 더 큰 도움이 될 수 있다.

# 045
## 작은 성취가 쌓여 거대한 목표가 달성된다

 성취감을 느끼기 위해서는 과제의 난이도가 자신의 능력보다 약간 높은 수준이어야 한다. 과제가 너무 쉬우면 도전 의식이 생기지 않아 성취감을 느끼기 어렵고, 반대로 너무 어려우면 좌절감에 빠져 포기할 가능성이 높다.

 이와 마찬가지로, 거창한 목표를 세웠다면 한 번에 이루려 하기보다는 작은 단위로 나누어 실현 가능한 계획을 세우는 것이 중요하다. 코끼리를 냉장고에 넣으려면 한꺼번에 넣을 수 없고 잘게 나누어 넣어야 하듯, 큰 계획도 잘게 나누어 단계적으로 실행해야 한다. 하루에 적합한 분량으로 목표를 쪼개고 꾸준히 실천한다면, 결국 거대한 목표도 이루어낼 수 있을 것이다. 이처럼 작은 성취의 누적이 결국 큰 변화를 만들어내는 힘이 된다.

# 046
## 계획보다 실행이 중요하다

계획은 중요하다. 그러나 실행이 없는 계획은 무의미하다. 공부 계획의 완성은 작성이 아닌 실행에서 이루어진다.

# 047
## 이 세상 떠날 때 백지를 제출치 말라

이 세상 떠날 때 백지를 제출치 말라.

인생은 누구도 대신 살아줄 수 없는 단 한 번의 여정이다. 그 끝에 다다랐을 때, 아무것도 시도하지 않은 삶, 실수조차 남기지 않은 삶은 결국 아무 흔적도 남기지 못한다. 완벽하지 않아도 괜찮다. 실수하고, 넘어지고, 때로는 후회하더라도 그 백지 위에 나만의 이야기를 남기는 것이 중요하다.

# 048
## 다른 결과 원하면 다르게 행동하라

"같은 일을 되풀이하면서 다른 결과가 나오기를 기대하는 것처럼 어리석은 일은 없다."

_ 아인슈타인(추정)

입시에서 성적 향상과 목표로 하는 학교 합격을 원한다면, 지금의 공부 습관을 점검하고 개선하라. 변화 있는 노력만이 성적을 끌어올릴 수 있다.

# 049
## 꽃은 빛내주고 가시는 지켜준다

　많은 사람들이 꽃길을 걷기를 바란다. 아름답고 평탄한 길은 마음을 편안하게 해주고, 세상과 잘 어우러지고 있다는 안정감을 주기 때문이다.
　그러나 꽃이 늘 평화로움을 대변하는 건 아니다. 자연 속에서 꽃은 단순한 장식이 아니라 생존을 위한 전략이다. 식물은 번식을 위해 꽃을 피우고, 곤충을 유인하려 향기와 색을 낸다. 우리가 아름답다고 느끼는 그 모습은 사실상 철저히 기능과 목적에 근거한 결과물이다.

즉, 꽃은 생존을 위한 유혹의 장치이기도 하다. 누군가의 관심을 끌고, 다가오게 하기 위한 수단으로 작용한다. 겉보기에는 아름답고 매혹적인 그 길이, 실은 누군가의 의도가 깃든 선택일 수 있는 것이다. 그래서 꽃길이 반드시 순수하거나 평화롭다고 단정할 수는 없다. 그 이면에 숨겨진 목적을 꿰뚫어 볼 수 있는 눈이 필요하다.

이에 비해, 가시는 방어의 상징이다. 식물은 외부의 위협과 초식동물로부터 자신을 보호하기 위해 날카로운 가시를 키운다. 거칠고 위협적으로 보일 수 있지만, 그 속에는 생명을 지키려는 본능적 의지가 담겨 있다.

삶도 마찬가지다. 겉으로 화려하고 평탄한 길이 더 나아 보일 수 있지만 방심해서 유혹에 넘어가는 순간 나를 파멸로 이끌 수도 있다. 오히려 시련과 고통의 시간이 내면을 단단하게 만들고, 스스로를 지키며 키워나가는 힘을 길러준다. 그런 시간은 가시처럼 아프고 불편하지만, 그 속에서 생명력과 회복력이 자란다.

지금 가시밭길을 걷고 있다면, 그것은 어쩌면 내면의 소중한 무언가를 지키고 키워가기 위한 운명의 선택일 수 있다. 가시는 내가 삶을 포기하지 않았다는 증거이며, 그 고통조차 내 안의 보물을 지켜내고 있다는 사실을 말해준다.

비록 겉으로 드러나지 않더라도, 나를 보호하고 있는 이 힘은 분명히 의미 있다. 그 시간은 언젠가 진짜 꽃을 피울 수 있는 단단한 기반이 되어줄 것이다.

# 050
## 꿈은 비행기요, 돈은 연료다

꿈과 돈, 모두 인생에서 빼놓을 수 없는 중요한 자원이다. 그렇다면 진로를 고민하는 고등학생이나 대학생은 무엇에 초점을 맞춰야 할까?

좋은 차를 타고 있다 하더라도 연료가 없다면 결코 앞으로 나아갈 수 없다. 반대로 고장 난 차에 연료를 가득 채워도 제자리에서 헛바퀴만 돌 뿐이다. 진로 설정도 마찬가지다. 자신이 진정으로 좋아하고 잘할 수 있는 일을 발견하는 것이 우선이며, 그것을 지속 가능한 방식으로 실현할 수 있는 현실적인 루트를 함께 고민해야 한다.

물론 하늘을 나는 비행기에 연료를 가득 채워 날아오르는 삶은 누구나 꿈꾸는 이상적인 모습이다. 고급 승용차를 타고 여유롭게 달리는 삶도 멋져 보인다. 그러나 여의치 않다면 중고차라도 타고 출발해야 한다. 언제까지 고장 난 비행기 안에서 현실을 외면한 채 머무를 수는 없다. 중요한 건 출발이고, 그를 위한 최소한의 조건을 갖추는 일이다.

현실을 무시한 채 꿈만 좇다 보면 물질적 기반이 무너져 너무 이른 시기에 삶이 흔들릴 수 있고, 반대로 돈만 좇다 보면 결국 남 좋은 일만 하다가 자신만의 꿈을 잃을 수 있다. 따라서 꿈을 지키기 위해서라도 최소한의 생계 기반, 즉 호구지책은 반드시 필요하다.

특히 극단적인 상황에서는, 꿈과 돈 중 하나를 선택해야 한다면 우선 돈을 선택하는 것이 전략적으로 현명할 수 있다. 생존이 전제되지 않으면 어떤 꿈도 실현될 수 없기 때문이다. 단, 중요한 건 그 선택이 목표가 아니라 기회 확보를 위한 수단이어야 한다는 점이다. 돈을 선택하되 거기에 매몰되지 않고, 언젠가 다시 꿈을 꺼낼 수 있는 여지를 남겨두는 태도가 필요하다.

핵심은, 꿈을 포기하지 않되 그것을 현실 위에 세우는 것이다. 돈은 피해야 할 적이 아니라, 오히려 꿈을 향해 나아가는 길을 열어주는 중요한 수단임을 잊지 말아야 한다.

# 051
## 길은 걸어가면서 만들어진다

道行之而成 物謂之而然

도행지이성 물위지이연

"길은 걸어가면서 만들어지고, 만물은 그렇게 부르니 그렇게 된다."

_『장자』

대학입시라는 여정에서 처음부터 길이 뚜렷한 경우도 있지만, 대부분은 미리 닦여 있는 길이 없다. 스스로 한 걸음을 내디뎌야 비로소 길이 열리고,

발자국이 쌓여 자신만의 길이 된다.

 하나의 통나무가 의자가 될 수도, 책상이 될 수도 있듯이 사물은 불러주는 대로 그 의미가 정해진다(物謂之而然). 사람 또한 마찬가지다. 스스로 어떤 이름을 붙이고 어떤 쓰임을 선택하느냐에 따라 달라진다. 자신의 그릇은 정해져 있지 않다. 노력과 태도에 따라 끊임없이 바뀔 수 있다.

 두려움에 멈추면 아무 길도 얻지 못하고, 가볍게 여기면 소중한 기회를 놓친다. 그러나 지나친 불안에 짓눌릴 필요도 없다. 시행착오와 돌아감 속에서도 길은 결국 만들어지고, 불러주는 대로 자신 또한 달라진다.

 입시가 인생의 전부는 아니다. 그러나 지금의 태도와 선택은 앞으로의 길을 닦는 힘이 되며, 자신을 어떤 존재로 만들지도 결정한다. 겁내지도, 가볍게 여기지도 말라. 한 걸음을 내딛는 순간 길은 반드시 열리고, 스스로 불러주는 대로 그 길 위의 자신 또한 달라질 것이다.

# 052
## 수많은 갈림길은 청춘의 특권이다

　진로, 연애, 직장 선택… 살다 보면 수많은 갈림길 앞에 선다. 머리가 아프고, 마음도 복잡하다. 하지만 고민이 많다는 건 아직 선택할 수 있는 길이 있다는 뜻이다. 반대로 모든 게 멈춰버린 상태, 더는 할 일도, 갈 길도 없는 순간이야말로 진짜 무기력한 상황이다. 고민은 삶이 가능성을 따라 살아 움직이고 있다는 증거다.

# 053
## 진짜 성공과 진짜 실패

중요한 일에 실패하는 것이 진짜 불행은 아니다. 진짜 불행은, 그 실패 앞에 선 나를 진심으로 위로해 주는 사람이 아무도 없을 때 찾아온다.

어떤 일에서 실패한 것이 진짜 실패는 아니다. 진짜 실패는, 그 경험 이후 내가 스스로 무너져 내리는 것이다.

중요한 일에 성공한 것이 진짜 행복도 아니고, 궁극적인 성공도 아니다.

진짜 행복은, 그 성공을 진심으로 기뻐하며 함께 축하해주는 사람이 곁에 있을 때 찾아온다. 진짜 성공은, 그 이후에도 멈추지 않고 계속 성장하려는 태도를 잃지 않는 것이다.

### 선물 같은 하루를 만드는
## 다섯 번째 기술

**초보 인생 가이드**

✓ **하루 한 줄 성장 일기**
오늘 나를 성장으로 이끈 점이나 깨달음 한 줄을 적는다.

✓ **협력 경험 기록하기**
오늘 친구/가족/동료와 협력한 순간을 기록한다.

**인생을 선물처럼 살아가기 위한 질문**

**질문 13** **최근 일주일간 내가 성장했다고 느낀 순간은 언제인가?**
**예시 답:** 중간고사 망치고도 다시 떨치고 일어났을 때.

---

**질문 14** **성장이 멈춘 듯 느껴질 때, 나는 어떤 선택을 하는가?**
**예시 답:** 일단 밖으로 나가서 무조건 뛰거나 걷는다.

---

**질문 15** **지금 내가 성장하기 위해 버려야 할 습관은?**
**예시 답:** 핑계 대며 미루는 버릇. 남과 비교하는 버릇.

# 제6장
# 삶의 태도가 인생을 결정한다

"삶은 뜻대로 되지 않지만, 태도는 내가 정할 수 있다."

"나의 태도가 내 삶을 결정한다."

"작은 미소 하나가 오늘을 바꾼다. 내가 웃으면 세상도 웃는다."

# 054
## 먼저 근본이 바로 서야 한다

君子務本 本立而道生

군자무본 본립이도생

"군자는 근본에 힘쓴다. 근본이 바로 서면 도(道)가 생긴다."

_『논어』

이런 고전의 말들은 그저 옛사람들의 훈계처럼 느껴져 고리타분하다고 여겨지기도 한다. 하지만 요즘 들어 사회의 주도층이라 불리는 엘리트들이

상식 밖의 잘못된 판단을 내리는 모습을 보면서, 이 문구가 결코 지나간 말이 아님을 깨닫게 된다.

엘리트가 삐뚤어진 가치관을 가지면 그 피해는 개인을 넘어 사회 전반에 막대한 영향을 미친다. 잘못된 한 번의 결정이 수많은 사람들의 삶을 뒤흔들고, 한 사람의 왜곡된 사상이 제도와 정책으로 굳어져 버리기도 한다. 그들의 지식과 영향력은 본래 사회를 이롭게 해야 할 자원이지만, 근본이 무너지면 오히려 흉기가 된다.

그래서 젊은 시절에 공부를 열심히 하는 것만큼이나, 아니 그보다 먼저 인(仁)·의(義)·예(禮)·지(智)의 덕목을 갖추는 것이 중요하다. 지식은 방향 없는 칼이 될 수 있지만, 덕은 그 칼을 올바른 길로 이끈다. 근본을 세우는 일은 선택이 아니라 의무이며, 그것이 바로 도가 살아 숨 쉬는 출발점이다.

# 055
## 인생의 모든 시기는 소중하다

　어린 시절에는 그 시기에만 누릴 수 있는 웃음과 경험이 있고, 청소년기에는 청소년만의 열정과 가능성이 있다. 중년기에는 삶의 무게 속에서도 나름의 성취를 느낄 수 있으며, 노년기에는 지나온 세월을 되돌아보며 비로소 체감할 수 있는 깊은 통찰이 있다.

　인생의 모든 시기는 고유한 의미를 지니며, 단지 다음 단계를 위한 준비 단계로만 존재하지 않는다.

# 056
## 인생은 경험을 수집하는 과정이다

"인생은 경험을 수집하는 과정이다."

_ 미국의 사업가 Jim Rohn

인생은 거창한 순간들로만 채워지지 않는다.
입술을 적시는 따뜻한 국물 한 모금,
바람결 따라 걷는 산길에서 느껴지는 시원한 공기,
품 안에 가만히 잠든 아기의 숨결,

기억 속에 흐릿하게 남아 있는 어느 밤의 고요함.
이렇듯 작고 평범한 순간들이 모여 우리의 삶을 완성해 간다.

하지만 인생을 진정으로 풍요롭게 만드는 건 단지 따뜻하고 행복한 기억들만은 아니다. 때로는 아프고 고단한 시간, 감당하기 버거운 책임과 희생이 오히려 삶의 깊이를 더한다.

예컨대 자녀의 대학입시를 뒷바라지하는 일상, 매일 반복되는 피로와 불안, 희망과 좌절이 얽힌 그 시간들은 겉으로는 고통스러워 보이지만, 그 안에는 가족을 향한 깊은 헌신과 사랑이 깃들어 있다.

이런 경험을 지나온 사람은 삶을 바라보는 시선이 달라진다.
인생을 가볍게 여기지 않고, 고통을 피하려 들지도 않는다.
풍파를 견뎌낸 만큼 더 깊이 이해하고, 더 넓게 포용하게 된다.

결국, 경험은 시간의 흔적이자 마음의 풍경이다.
되돌아보면, 우리 기억 속에 오래 남는 것은 거창한 성취보다는 오히려 작지만 의미 있는 순간들이다.
지금 이 순간, 내가 살아내고 있는 하루하루가,
기쁨이든 고통이든 모두 인생을 구성하는 소중한 한 장면임을 잊지 말아야 한다.

# 057
## 삶은 그 자체로 축복이다

열역학 제2 법칙은 냉혹하다.
모든 것은 흩어지고, 식고, 사라진다.
우주는 언젠가, 아무것도 아닌 것이 된다.

그 무심한 어둠 속,
찰나처럼 피어난 의식 —
호모 사피엔스.

喜怒哀樂愛惡慾
희로애락애오욕

탄소와 수소가 엮여
눈물짓고, 웃고, 사랑을 한다.
혼돈 속에 피어난 감정의 불씨는
무질서를 거슬러 피어난 기적이다.

무너져 가는 우주의 틈에서
나로 살아 있다는 것,
그것은 우주의 찰나이자, 전부다.

그러니 먼지 같은 걱정으로
이 찬란한 기적을 흐리지 말자.

삶은 그 자체로, 축복이다.

# 058
## 웃으면 웃을 일 생긴다

　우리는 스스로 생각하고 판단한다고 믿는다. 하지만 실제로는 먼저 접한 단어나 이미지가 무의식적으로 행동과 감정에 영향을 준다. 이를 '점화 효과(priming effect)'라 한다.

　예를 들어 '노인'이라는 단어를 본 사람은 실제로 걸음 속도가 느려진다. '노인 = 느림'이라는 생각이 무의식적으로 행동을 유도한 것이다. 점화 효과는 미묘하지만 강력하다. '행복', '사랑' 같은 단어에 먼저 노출되면 상황을 긍정적으로 해석하고, '분노', '불행' 같은 단어는 정반대의 결과를 만든다.

그 반대도 가능하다. 웃으면 기분이 좋아지는 것처럼, 행동이 감정을 불러일으키기도 한다. 뇌가 행동을 보고 감정을 추론하기 때문이다. 그러니 기분이 가라앉았을 땐 억지로라도 웃어보자. 뇌는 생각뿐 아니라 행동에도 쉽게 영향을 받는다.

결국, 어떤 생각과 자극이 먼저 떠오르느냐가 하루를 결정한다. 아침 첫 단어가 중요한 이유다. 어떤 단어와 이미지에 자신을 노출시킬지, 선택은 우리 몫이다.

# 059
## 너의 생각이 너의 운명이 된다

밝고 긍정적인 생각은 단순한 기분이 아니라, 행동의 방향을 정하는 내면의 나침반이다. 예를 들어, "나는 할 수 있다."라는 믿음은 우리로 하여금 시도하게 만들고, 도전하게 하며, 결국 성취에 이르게 한다. 반대로 "안 될 거야."라는 부정적인 생각은 행동 자체를 가로막고, 가능성의 문을 닫아버린다.

결국 어떤 미래를 꿈꾸든, 그 출발점은 항상 마음속 생각이다. 생각이 운명을 만든다는 말은 단지 추상적인 격언이 아니라, 심리학과 행동경제학에서도 입증된 삶의 원리다. 생각이 말이 되고, 말이 행동이 되고, 행동이 습관이 되고, 습관이 성격이 되고, 성격이 운명이 된다.

# 060
## 인간의 얼굴을 잊지 마라

진화론적으로 볼 때, 인간의 감정은 이성보다 먼저 발달했다. 그렇기 때문에 우리는 많은 상황에서 이성보다 감정의 영향에 더 크게 노출된다. 이로 인해 논리적으로는 상대를 이겼음에도 불구하고, 그 과정에서 상대의 감정을 상하게 하여 관계를 해치는 경우가 적지 않다.

따라서 어떤 일이든 마무리할 때는 '인간의 얼굴'을 잊지 말아야 한다. 업무든, 토론이든, 때로는 날카로운 이성적 충돌이든, 결국 그 끝에는 사람이 있다. 아무리 정당한 논리와 근거로 상대를 압도했다 하더라도, 상대방이 상처를 입고 돌아서게 만들었다면 그것은 결코 완전한 승리가 아니다.

상대의 감정과 존엄을 존중하는 태도는 단순한 예의를 넘어, 건강하고 지속 가능한 관계를 유지하기 위한 필수적인 자세다. 갈등이 있었다 하더라도 마지막 순간만큼은 인간 대 인간으로서의 따뜻함을 잃지 않아야 한다. 그것이야말로 진정한 마무리이다.

# 061
## 시냇물은 점프하지 않는다

힘들지?

그럴 거야.

나도 그랬으니까.


하지만 기억하자.

시냇물은 점프하지 않는다.

졸졸 흐르며, 돌아가기도 하다가,

강을 거쳐 바다에 도달하지.

인생도 그래.
힘든 오늘이 없으면,
네가 원하는 내일도 오지 않는다.
시간은 점프하지 않으니까.

그러니 오늘 하루, 한 걸음만 내딛자.
지쳤으며 잠시 쉬어도 괜찮다.
다만, 힘들어도 포기하지는 말자.

# 062
## 인생은 빗속에서도 춤을 추는 것이다

"인생은 폭풍이 지나가기를 기다리는 것이 아니라, 빗속에서 춤추는 법을 배우는 것이다."

_ 비비안 그린

빗속에서 춤추듯, 불확실한 상황 속에서도 웃고, 배우고, 한 걸음씩 나아가는 법을 익힌다면 결과와 상관없이 더 강해진 자신을 만나게 될 것이다.

# 063
## 인생의 저항선과 지지선

시련은 누구에게나 찾아오지만, 그것을 대하는 자세에 따라 전혀 다른 결과를 낳는다. 시련 앞에서 주저앉고 괴로움에 굴복하면, 시련은 저항선처럼 더 이상 나아가지 못하게 하는 벽이 된다. 반면, 이를 딛고 일어서는 사람에게 시련은 지지선이 되어, 더 단단한 발판을 제공한다.

결국 중요한 건 시련 그 자체가 아니라, 그것을 대하는 우리의 태도다. 고통을 밀어내려 하지 말고, 그것을 딛고 일어설 준비를 한다면 시련은 더 이상 장애물이 아니라 성장의 계기가 된다.

# 064
## 인생에는 모의고사도 정답도 없다

　시험에는 모의고사가 있다. 실전 전에 자신의 위치를 점검하고, 부족한 부분을 보완할 수 있는 기회가 주어진다. 실패해도 괜찮고, 다시 도전할 수 있다. 그래서 우리는 준비된 상태로 본 시험을 마주할 수 있다. 얼마나 다행인가.

　인생에는 모의고사가 없다. 연습 삼아 살아볼 수 있는 삶은 없다. 한 번의 선택이 곧 결과가 되고, 모든 결정은 현실이 되어 돌아온다. 되돌릴 수 없는 장면 속에서 우리는 늘 실전처럼 살아간다.

 그렇다고 지나친 두려움에 사로잡힐 필요는 없다. 모의고사가 없기에 지금 이 순간이 더 절실하고, 더 진지해진다. 정답을 미리 알고 움직일 수는 없지만, 그 과정을 통해 우리는 조금씩 배운다. 실수해도 다시 설 수 있고, 실패해도 의미는 남는다. 시험이 정답을 묻는 게임이라면, 인생은 끊임없이 자신만의 답을 찾아가는 여정이다. 그래서 인생에서는, 결과보다 과정이 훨씬 더 중요하다.

# 065
## 불행에는 행운의 씨앗이 숨겨져 있다

禍兮福之所倚, 福兮禍之所伏
화혜복지소의 복혜화지소복
"재앙 속에는 복이 깃들어 있고, 복 속에는 재앙이 숨어 있다."

_「도덕경」

한자어 '화(禍)'와 '복(福)'은 너무나 흡사하게 생겼다. 둘이 매우 가까운 사이인 것이다. 그러니 세상일은 언제나 변하고, 불행이 행복으로 바뀌는 순간이 올 수 있다.

지금은 길이 막힌 것 같아도, 그 끝이 절망이라고 단정할 수 없다.

오늘의 실패가 내일의 성장을 위한 씨앗이 될 수 있고, 지금의 눈물이 훗날 웃음을 더 빛나게 할 수도 있다. 불안과 두려움이 마음을 짓눌러도, 그 속에는 단단해지고 깊어지는 힘이 있다.

불행에는 행운의 씨앗이 숨겨져 있다. 아직 그 씨앗이 싹트지 않았을 뿐, 땅속에서는 조용히 봄을 준비하고 있다. 그러니 지금의 시련이 자신을 정의하지 못하게 하라. 희망을 놓지 않고, 하루하루를 견뎌내는 힘이 결국 나를 원하는 곳으로 데려다줄 것이다.

# 066
## 오늘에 집중하고 결과는 하늘에 맡겨라

대학입시는 결과가 보장되지 않는 싸움이다. 실력뿐 아니라 운과 다양한 변수가 작동하기 때문에 누구도 끝을 예측할 수 없다.

그러니 오히려 더 냉정해질 필요가 있다. 내가 통제할 수 있는 것과 통제할 수 없는 것을 분리하는 것이다. 하루하루 책상 앞에 앉아 집중하는 것은 내가 할 수 있는 영역이다. 하지만 최종 결과가 어떤 형태로 돌아올지는 누구도 좌우할 수 없는 영역이다.

문제는 많은 수험생과 학부모들이 결과라는 통제 불가능한 영역에 마음을 빼앗긴다는 점이다. 그러다 보니 오늘 할 수 있는 일조차 제대로 하지 못한 채 불안에 휘둘리게 된다.

결국 마음을 지키는 가장 좋은 방법은 단순하다. 오늘 할 수 있는 만큼 최선을 다하고, 결과는 하늘에 맡기는 것이다.

이것은 책임을 회피하자는 말이 아니다. 오히려 최선을 다하기 위한 유일한 자세다. 결과를 쥐고 흔들려고 할수록 마음은 무너지지만, "나는 오늘을 완성하겠다."라는 태도에 집중하면 끝이 어떻게 나오든 덜 흔들릴 수 있다.

입시는 경쟁이지만, 동시에 자기 자신과의 싸움이다. 오늘을 진심으로 살아낸 사람은 결과가 어떻게 나오든 결국 새로운 길을 만들어갈 힘을 얻게 된다. 그러니 불확실한 미래에 압도되기보다 눈앞의 하루에 집중하자.

결과는 나의 몫이 아니지만, 오늘 최선을 다하는 것은 온전히 나의 몫이다.

## 선물 같은 하루를 만드는
# 여섯 번째 기술

## 초보 인생 가이드

**✓ 웃기 연습하기**
(거울이나 스마트폰 카메라 보며) 하루 한 번 이상 억지로라도 웃어본다.

**✓ 감사 일기 적기**
오늘 감사한 순간 1가지를 적는다.

## 인생을 선물처럼 살아가기 위한 질문

**질문 16** 나는 지금 삶을 어떤 태도로 마주하고 있는가?

예시 답: 두려움이 많지만 그래도 조금씩 해보자는 태도를 가지고 있다.

---

**질문 17** 내 삶에서 감사할 수 있는 것들을 3가지 말해보자.

예시 답: 가족, 건강한 몸, 나를 믿어주는 친구.

---

**질문 18** 오늘 하루의 태도에서 아쉬웠던 점은 무엇인가?

예시 답: 피곤해서 예민하게 말했는데, 내 감정을 먼저 다스릴 걸 그랬다.

## 제 7 장

# 마음이 힘들면 달래야 한다

"불완전해도 괜찮다, 먼저 자신에게 친절해야 한다."

"회복은 비교가 아니라 받아들임에서 시작된다."

"지금의 나를 인정할 때 평온이 찾아온다."

# 067
## 평온을 구하는 기도

"오, 신이여,
제가 바꿀 수 없는 것을 받아들이는 평온함과
바꿀 수 있는 것을 바꾸는 용기,
그리고 이들의 차이를 구별할 수 있는 지혜를 주소서."

_ 라인홀드 니부어

남은 시간, 결과를 예측하며 불안해하지 말고, 본인이 바꿀 수 있는 부분에 집중해야 한다. 결과는 쉽게 통제할 수 없지만, 과정에서의 선택과 태도는 언제나 우리의 몫이다. 끝까지 흔들림 없이 할 수 있는 일을 다해낸 사람만이 결국 결과를 변화시킬 힘을 얻게 된다.

# 068

## Message from Jesus

**대학입시의 계절을 지나고 있는 학부모에게**
- From Jesus

두려워하지 말지어다, 사랑하는 이여.
네 영혼이 불안과 염려의 무게 아래 떨 때에, 내가 너에게 평강으로 나아가노라.
네가 잠 못 이루는 밤과 지친 낮 속에 있을 때에, 나는 소망을 주노라.

염려의 안개 속에서 나는 너의 빛이요, 침묵의 고통 속에 나는 네 곁에 있노라.

네 마음이 질문으로 어지럽고, 두려움으로 가슴이 조일 때에, 내게 부르짖으라.

나는 여기 있노라. 두 팔을 벌려 너를 안고, 네 안의 폭풍을 잠잠케 하리라.

네 생각이 네 안에 떠오르기 전부터 내가 이미 알며, 네 입술을 떠나기 전부터 네 탄식을 들었노라.

네 자녀에 대하여는 두려워 말라.

내가 네 품에 맡긴 그 아이는 짐이 아니요, 너에게 준 나의 선물이라.

나는 너를 충성되다 여겨 그를 네 손에 맡겼노라.

그는 네 눈에 귀한 것 같이, 내 눈에도 지극히 귀하도다.


그의 온유한 마음과 정직한 영을 내가 기뻐하노라.

네가 느끼지 못하느냐?

그가 미소 지을 때마다, 말할 때마다, 그것이 곧 나의 사랑의 속삭임이니라.

그는 결코 결과의 척도가 아니요, 은혜의 기적이니라.

만일 그 짐이 너무 무거우면 홀로 감당하지 말라.

그 짐을 내 어깨 위에 두라—나의 어깨는 강하고, 너를 지기 위하여 지음 받았노라.


혼란 중에 내 이름을 부르라.

네 가장 고요한 기도 속에서도 내가 너를 들으리라.

내가 네게 이르노니 그곳에서 내가 너를 만나리라.

너의 마음을 들어 올리고, 오늘의 좁은 시야 너머, 내가 예비한 더 큰 뜻을 보게 하리라.

만일 두려움이 너로 하여금 혹 잘못될 것을 바라보게 한다면,
이미 아름답게 이루어진 것들을 보게 해달라고 내게 구하라.
네 자녀의 친절함, 그의 웃음, 그가 네 곁에 있음의 따뜻함을 기억하라.
이것들이 어찌 작겠느냐—이것들은 거룩하니라.
그것들을 기억함으로 너는 나를 기억하리라.

감사함이 너의 닻이 되게 하라.
기쁨이 네 안에서 솟아나되, 결과로 인함이 아니요,
네가 얼마나 깊이 사랑받았는지,
내가 얼마나 완전하게 너와 함께 걸었는지를 앎으로 인하여 솟아나게 하라.
세상은 점수와 성과로 가치를 매길지라도,
나는 사랑으로 그것을 재노라.
네 자녀는 그의 결과가 아니니라.
그는 나의 창조물, 너의 보물이요, 언제나—언제나—충분하니라.
나는 너를 사랑하노라, 지금도, 영원토록.
내가 너와 함께 이 여정의 모든 장을 걸으리라.

영원한 사랑과 돌봄으로,
Jesus

# 069
## 피할 수 없다면 주체적으로 선택하라

고통은 언제 더 견디기 힘들까?
첫째, 그 고통이 내가 선택한 것이 아닐 때이다.
둘째, 그 고통이 언제 끝날지 모를 때이다.
셋째, 그 고통이 아무 의미도 없어 보일 때이다.

입시를 준비하는 사람이라면, 이 3가지 조건 중 적어도 하나는 겪고 있을 것이다. 하지만 이 고통의 구조를 하나씩 들여다보면, 생각보다 충분히 견딜 수 있는 고통이라는 사실을 알 수 있다.

첫째, 이 길은 내가 선택한 길이다.
물론 부모님이나 주변의 기대, 환경이 영향을 줬을 수 있다. 하지만 결국 이 길을 걷기로 결정한 것은 나 자신이다. 실제로 어떤 일이든 스스로 선택하고 주도적으로 임할 때, 단순히 수동적으로 따라가는 것보다 성과는 눈에 띄게 다르다. '이건 내가 선택한 일이다.'라는 주인의식(ownership)을 가질 때, 사람은 더 집중하게 되고 끝까지 버틸 힘도 커진다. 스스로 선택했다고 인정하는 순간, 고통의 무게는 달라진다. 누군가에게 떠밀려온 것이 아니라 내가 정한 길이라고 받아들이는 것, 그것만으로도 주도권은 다시 나에게 돌아온다.

둘째, 이 고통은 분명 끝이 있는 고통이다. 입시는 무한히 이어지는 싸움이 아니다. 정해진 시기 안에서, 길어야 몇 년 안에 끝나는 싸움이다. 끝이 있다는 건 곧 견딜 수 있다는 뜻이다. 끝이 보이는 터널은 아무리 어둡더라도 지나갈 수 있다.

셋째, 이 고통은 의미가 있는 고통이다. 단지 대학이라는 결과 때문만은 아니다. 그보다 더 큰 의미는 이 과정을 스스로 견디고 밀어붙였다는 경험에 있다. 자존감, 자신감, 그리고 앞으로의 삶에서 나 자신을 믿을 수 있는 힘이 생긴다. 이 시간은 결코 헛된 시간이 아니다.

지금 이 길이 버겁게 느껴진다면, 다시 한번 생각해 보자. 이건 내가 선택한 길이고, 끝이 있으며, 분명한 의미가 있는 길이다.

고통을 피할 수 없다면, 선택하자. 그리고 선택했음을 자각하는 순간, 고통은 더 이상 두려운 대상이 아니다. 그건 곧 내가 이겨낼 수 있는 '나의 길'이 된다.

# 070
## 불행 본능을 극복하라

사람은 본능적으로 불행을 더 오래 기억한다. 이는 단순한 기분 탓이 아니라, 인간 진화 과정에서 생존을 위해 필수적으로 갖추게 된 심리적 특성이다. 이를 '부정성 편향(negativity bias)'이라 부른다.

수십만 년 전, 인간은 위험한 자연환경 속에서 살아남아야 했다. 포식자, 기아, 질병, 추위 같은 생존 위협 앞에서, 좋은 일보다 나쁜 일을 민감하게 인지하고 오래 기억하는 것이 생존 확률을 높였다. 예를 들어, "어디서 맛있는 열매를 먹었다."라는 기억보다 "어디서 맹수에게 습격당했다."라는 기억을 더 강하게 남기는 것이 훨씬 중요했다. 이처럼 위험을 빠르게 알아차리고, 그 기억을 오래 유지하는 뇌 구조가 선택 압력(selection pressure) 속에서 발달하게 된 것이다.

현대에 들어 우리는 자연환경의 직접적인 생존 위협에 노출되는 일이 거의 없다. 그러나 우리의 뇌는 여전히 원시시대의 작동 방식을 고수하고 있다. 그래서 작은 실패, 불운, 부정적인 사건도 과장되게 인식하고, 좋은 일은 빠르게 무시하거나 과소평가하는 경향이 있다. 이것이 행복을 느끼기 어렵게 만드는 본질적 이유이다.

그렇다면 어떻게 해야 행복해질 수 있을까?
첫째, 의도적으로 긍정적인 경험에 주목하고 이를 강화하는 연습이 필요하다. 인간의 원시 뇌는 생존을 위해 부정적인 사건에 자동으로 몰두하도록 설계되어 있다. 따라서 긍정적인 경험은 그냥 지나치기 쉽고, 별다른 인식 없이 잊히는 경우가 많다. 이를 극복하기 위해서는 긍정적인 경험을 의식적으로, 심지어 억지로라도 떠올리고 반복적으로 상기하는 노력이 필요하다. 심리학에서는 이러한 방법을 '긍정적 심상 훈련(positive imagery training)'이라고 부른다.

구체적으로는, 매일 밤 그날 있었던 좋은 일을 1가지 이상 떠올리고, 그 순간의 감정과 상황을 생생하게 재현하는 습관을 들이는 방법이 있다. 이 작은 습관이 쌓이면, 부정성 편향에 치우친 뇌의 패턴을 점차 긍정적으로 재구성할 수 있다.

둘째, 좋은 경험을 오래 음미하는 습관을 가져야 한다. 연구에 따르면, 긍정적인 사건을 10~30초 동안 깊이 생각하고 그 감정에 몰입하는 것만으로도 부정성 편향을 일부 상쇄할 수 있다. 이는 뇌의 해마와 전전두엽을 자극하여 긍정적 기억의 신경회로를 강화하는 효과를 낸다.

셋째, 부정적인 사건을 객관적으로 재구성(reframing)하는 능력을 길러야 한다. 불행한 사건을 단순히 재앙으로 받아들이지 않고, 그 안에서 배울 점을 찾거나 의미를 부여하는 것이 필요하다. 이는 인간이 가진 고차원적인 인지능력(특히 전전두엽의 작용)을 활용하는 방식으로, 원시적 생존 본능을 부분적으로 억제할 수 있게 해준다.

결론적으로, 우리는 생각만큼 그렇게 불행하지 않다. 다만, 본능적으로 불행을 크게 기억하도록 설계된 탓으로 그렇게 느낄 뿐이다. 그러니 의식적인 노력을 통해 긍정적 경험을 확장하고 심화시키는 것이 행복해지는 길이다. 진화가 남긴 부정성 편향을 의식적으로 다루는 순간, 우리는 단순히 본능에 끌려다니지 않고, 스스로 삶의 질을 높이는 방향으로 나아갈 수 있다.

# 071
## 나는 표준이 아니다

　물리적으로 몸의 구조가 다르다면, 같은 스윙을 흉내 내는 것으로는 좋은 결과를 낼 수 없다. 지인 중에 골프를 제법 치는 이가 있는데, 그는 수많은 골프 전문가의 스윙 폼을 따라 하다가 오히려 스코어가 흔들리는 경험을 했다. 결국 그는 자신의 몸에 맞는 폼을 직접 만들었고, 그제야 안정적인 플레이가 가능해졌다.

　진로와 공부도 마찬가지다. 남들이 가는 방향, 모두가 정해둔 길이 정답처럼 느껴질 때가 많지만, 그 길이 나에게 맞는 길일 거라는 보장은 없다. 특히 대학입시를 앞둔 고등학생이라면, 주변에서 쏟아지는 조언과 비교 속에서 자기만의 리듬을 잃기 쉽다. 누구는 아침형 인간이 효과적이라고 말하고, 또 누구는 암기보다는 개념 위주의 공부가 정답이라고 말한다. 하지만 이런 공부법도 결국 관념적 표준일 뿐, 모든 학생에게 똑같이 맞는 정답은 아니다.

뇌과학 연구에 따르면, 사람은 스스로 선택한 방식으로 일할 때 몰입도가 높고 결과도 좋다. 내가 편하게 느끼는 시간대, 집중이 잘 되는 방식, 기억이 잘 되는 패턴을 찾아서 그에 맞게 공부하는 것이 훨씬 더 지속 가능하고 효과적이다.

누구도 표준화된 인생을 살고 있지 않다. 어떤 학생은 정해진 스케줄대로 차근차근 준비하는 것이 맞고, 어떤 학생은 시행착오를 겪으며 자신에게 맞는 방향을 찾는 과정이 필요하다. 중요한 것은 남의 기준에 나를 맞추는 게 아니라, 내가 어떤 방식으로 성취감을 느끼고, 어떤 리듬으로 성장해 나가는지를 관찰하고 실험해 보는 것이다.

불확실한 진로 앞에서 '잠시 멈춰도 괜찮다.', '조금 돌아가도 괜찮다.'라는 유연함을 가질 수 있다면, 오히려 그 여유가 자신만의 길을 단단하게 만들어줄 수 있다.

우리는 표준이 아니다. 공부도 진로도, 나만의 정답이 필요하다. 느려도 좋으니, 내 방식대로 가야 한다. 그게 가장 빠른 길이다. 결국 중요한 것은 남의 기준이 아니라 나답게 살아가는 용기다.

# 072
## 평균 올려치기의 폐해

현재 고3 학생의 내신 등급은 1등급부터 9등급까지 존재한다. 통계적으로 평균은 5등급이다. 그런데 우리는 종종 3~4등급인 자신이 뒤처졌다고 생각한다. 왜냐하면, 세상의 눈높이가 구름 위에 있기 때문이다. 사회가 평균을 올려치기 때문이다.

중요한 건, 세상의 기준에 나를 끼워 맞추는 게 아니라, 나에게 맞는 속도와 방향을 찾는 것이다. 행복은 나답게 사는 데서 온다.

# 073
## 칭찬은 나누어서, 꾸중은 한꺼번에

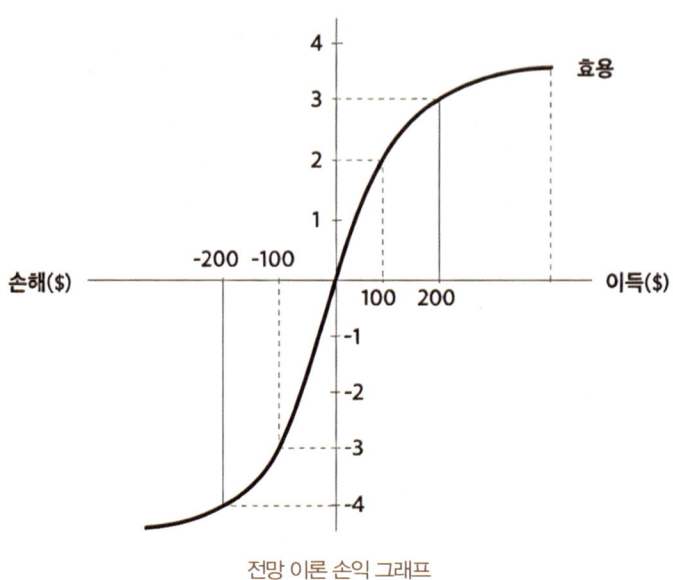

전망 이론 손익 그래프

물질적으로 더 많이 가지면 비례적으로 더 행복해질 것이라는 믿음은 직관적으로는 설득력 있어 보인다. 그러나 행동경제학의 대표 이론인 '전망 이론(Prospect Theory)'은 이와는 다른 인간 심리를 보여준다. 대니얼 카너먼과 아모스 트버스키가 제안한 이 이론에 따르면, 사람들은 이득보다 손실에 훨씬 더 민감하게 반응한다. 같은 금액이라 하더라도, 얻었을 때의 기쁨보다 잃었을 때의 고통이 훨씬 크다는 것이다.

즉, 이득이 커질수록 느끼는 기쁨의 증가 폭은 줄어들고(즉, 체감 만족은 점점 작아지고), 손실이 커질수록 고통 자체는 커지지만, 그 증가 폭은 점점 줄어든다(즉, 체감 고통은 점점 작아진다).

하시만 중요한 점은, 이득 곡선보다 손실 곡선의 기울기가 훨씬 가파르다는 것이다. 다시 말해, 우리는 동일한 금액의 이득보다 손실에 훨씬 더 민감하게 반응한다. 이것이 바로 사람들이 더 가지기보다는 덜 잃기에 더 큰 가치를 두게 되는 심리적 메커니즘이다.

이러한 관점에서 본다면, 행복은 단순히 뭔가를 계속해서 채워나가는 데서 오는 것이 아니다. 오히려 지금의 상태를 잃지 않도록 유지하는 것, 즉 결핍이나 손실이 없도록 관리하는 데서 더 안정적으로 유지된다.

감사 일기나 마음 챙김 명상처럼 '지금 이 순간'에 집중하며 현재의 상태를 긍정하는 활동이 심리적 안정에 효과적인 이유도 여기에 있다. 현재의 상태를 준거점으로 삼고, 거기서 손실이 없음을 인식할 수 있을 때 사람은 비교적 더 평온하고 지속적인 행복을 느낄 수 있다.

한편, 위 이론을 응용하면, 먼저, 행복은 작게 나눌수록 유리하다. 한 번에 큰 보상을 받는 것보다 여러 번에 걸쳐 소소한 보상을 받는 것이 체감 만족을 더 크게 만든다. 예를 들어, 10만 원을 한 번에 받는 것보다, 2만 원씩 다섯 번에 나눠 받는 것이 심리적으로는 더 많은 행복을 준다. 이런 이유로 한방에 큰 행운을 꿈꾸기보다는, 일상에서 자주 느낄 수 있는 작은 즐거움을 늘리는 것이 훨씬 더 효율적인 행복 전략이 된다.

또한, 고통은 묶어서 한 번에 처리하는 것이 낫다. 작은 손실을 여러 번 경험하는 것보다 한 번에 큰 손실을 겪는 것이 상대적으로 고통이 덜하다. 이를 일상에 적용하면, 하기 싫은 일이나 스트레스 요인은 쪼개서 미루기보다는 한 번에 끝내는 것이 심리적으로 덜 피로하다는 뜻이다.

위 이론에 따르면 직원이나 아이를 칭찬할 때는 나누어서 여러 번 하고, 꾸중을 할 때는 한 번에 몰아서 하는 것이 좋다.

# 074
## 결과보다 과정을 중시하라

 아무리 혼낸다 해도 지나간 결과는 바뀌지 않는다. 그러나 과정을 바로잡으면 다음 결과는 달라질 수 있다. 그러니 꼭 혼내야 한다면, 결과가 아니라 과정에서 혼내야 한다.

 더 좋은 방법은, 혼내는 대신 과정을 함께 돌아보고 스스로 깨닫게 돕는 것이다. 아이의 성장은 비난이 아니라 대화에서 시작된다.

# 075
## 너는 꽃이다

산에 피든, 들에 피든, 정원에 피든,
꽃은 모두 꽃이다.

풀꽃은 장미를 부러워하지 않는다.
그저 자기 자리에서 최선을 다할 뿐이고,
그래서 피어나는 순간 이미 아름답다.

너도 그렇다.

지금 서 있는 자리에서 너다운 색을 내고 있다면, 그것으로 충분하다.

꽃은 피어야 예쁘듯, 너도 네 빛을 드러낼 때 가장 빛난다.

그러니 꿈을 잃지 말고, 네 계절이 오면 망설임 없이 활짝 피어라.

# 076
## 먼저 자기 자신에게 친절해라

오늘의 노력이 내일의 힘이 된다

　대학입시를 앞둔 고3 학생은 불안과 스트레스 속에서 흔히 남의 시선과 남과의 비교에 사로잡히기 쉽다. 그러나 이러한 비교는 자신감을 떨어뜨리고 불안을 키울 뿐이다. 그러므로 학생은 남과의 비교에서 벗어나 자기 자신에게 조금 더 친절해야 한다. 설령 실패하더라도 스스로를 비난하기보다 따뜻하게 대하고, 지금까지의 노력을 인정하는 태도가 필요하다. 자기 자신에게 친절한 태도는 불안을 완화하고 회복탄력성을 높이며, 오히려 학업 수행에도 긍정적인 힘이 된다.

또한 학부모 역시 자녀가 열심히 공부하도록 적극적으로 지원하고 격려하되, 성적만으로 아이를 평가하지 않는 태도가 필요하다. 기대에 미치지 못하는 성적을 받아도 "괜찮다."라는 위로와 지지를 보내는 부모의 태도는 자녀가 실패를 성장의 일부로 받아들이게 하고, 장기적으로 더 건강한 자기 개념과 학습 동기를 형성하게 한다.

# 077
## 스트레스 받을 땐 작은 산책이 큰 힘이 된다

　불안하고 답답할 때, 잠깐 밖으로 나가는 게 더 큰 힘이 된다. 운동은 단순히 몸을 움직이는 게 아니다. 기분을 끌어올리고, 불안을 낮추고, 정신을 맑게 해준다.

　운동을 하면 뇌에서 세로토닌, 도파민, 엔도르핀 같은 기분 좋은 물질이 분비된다. 덕분에 우울과 스트레스가 줄고, 생각도 훨씬 또렷해진다. 실제로 운동은 전전두피질의 혈류를 늘려서 결정을 잘 내리게 도와준다.

몸을 움직이면 수면의 질도 좋아지고, 식욕도 살아나고, 무기력함도 줄어든다. 운동은 뇌 속 뉴런까지 새로 만든다. 즉, 몸과 마음이 동시에 단단해지는 것이다.

그러니 불안할수록 앉아 있지 말고 밖으로 나가자.

### 선물 같은 하루를 만드는
## 일곱 번째 기술

## 초보 인생 가이드

### ✓ 자기 위로 문장 쓰기
하루에 한 번 "그래도 난 괜찮은 사람이야." 같은 나를 위로하는 문장을 써본다.

### ✓ 짧게 기분 전환하기
힘들 때는 1~2분간 길게 숨쉬기를 하거나, 5분이라도 밖에 나가 산책하며 리셋한다.

## 인생을 선물처럼 살아가기 위한 질문

**질문 19** 요즘 나를 가장 힘들게 하는 감정은 무엇인가?

예시 답: 불안감, 수시 6 광탈에 대한 두려움이 자꾸 밀려온다. 수능 최저도 불안하기만 하다.

---

**질문 20** 그 감정을 누구와 어떻게 나누는가?

예시 답: 같은 처지인 친구에게 털어놓으면 마음이 다소 가벼워진다. 자기 전에 내 감정을 일기에 간략히 기록하면 기분이 풀리기도 한다.

---

**질문 21** 내 마음이 지칠 때 위로받는 나만의 방식은?

예시 답: 좋아하는 노래 듣기, 지치도록 운동하기.

---

## 제8장

# 관계의 핵심은 사랑이다

"관계의 본질은 경쟁이 아니라 상대와 나를 같게 보는 마음이다."

"관계는 소유가 아니라 존중이다.
사랑은 소유할 때가 아니라 나눌 때 깊어진다."

"좋은 관계는 서로의 자유를 지켜주는 데에서 피어난다."

# 078
## 때리기보다 살짝 띄우기

골프에서는 공을 정면으로 세게 치는 것보다,
살짝 띄워 쳐야 더 멀리 날아간다.

자식도 마찬가지다.
잘못을 정면에서 꾸짖기보다는,
마음을 살짝 들어 올려주는 말 한마디가
더 멀리, 더 깊이 닿는다.

# 079
## 엄마는 햇살, 아이는 나무

 엄마는 눈부신 햇살이고, 아이는 그 햇살 아래에서 무성하게 자라는 나무다.

 엄마는 자녀에게 생명의 근원이자 정서적 안정의 기반이 된다. 마치 식물이 햇빛을 받아 자라듯, 아이는 엄마의 따뜻한 관심과 애정 속에서 건강하게 성장한다. 햇빛이 식물의 광합성과 생장에 필수적인 것처럼, 엄마의 존재는 자녀의 인지 발달, 정서 형성, 사회성에 결정적인 영향을 미친다. 심리학 연구에 따르면, 안정된 애착은 자녀의 자율성과 회복력을 높이는 핵심 요소로 확인되고 있으며, 결국 "엄마는 햇살이고, 자녀는 햇빛 속에서 무성하게 자라는 나무"라는 비유는 과학적으로도 매우 타당한 성장의 상징이라 할 수 있다.

대학입시를 앞둔 자녀와 엄마의 관계 역시 햇살과 나무처럼 안정적이고 신뢰를 바탕으로 한 관계여야 한다. 이 시기의 자녀는 정서적으로 불안정해지기 쉬우며, 자기 확신과 동기를 유지하기 위해 외부의 지지가 절실하다. 엄마는 일방적인 통제나 감정적 간섭보다는, 따뜻하면서도 일관된 태도로 자녀를 바라보아야 한다. 특히 엄마가 감정적으로 흔들려서 자녀를 불안하게 만들어서는 안 된다. 마치 햇빛이 일정한 방향과 강도로 비춰질 때 나무가 건강하게 성장하듯, 엄마는 자녀의 자율성을 존중하면서도 필요할 때 감정적으로 의지할 수 있는 안정적인 환경을 제공해야 한다. 이러한 관계는 자녀가 스트레스를 견디는 회복력을 기르고, 자기 주도적으로 목표에 다가가는 데 핵심적인 역할을 하게 된다.

# 080
## 해님과 바람 이야기

옛날 어느 날, 해님과 바람이 힘겨루기를 했다. 지나가는 여행자의 외투를 누가 먼저 벗길 수 있는지 겨뤄보기로 한 것이다.

먼저 바람이 나섰다. 거센 바람을 불어 외투를 벗기려 했지만, 여행자는 외투가 날아가지 않도록 꼭 움켜쥐며 오히려 더 단단히 여몄다. 아무리 세게 불어도 소용이 없었다.

그다음 해님이 나섰다. 해님은 따뜻하게 햇살을 비추기 시작했다. 그러자 여행자는 서서히 외투를 풀고, 결국 스스로 벗었다.

부모가 자녀를 대할 때도 마찬가지이다. 조급하게 몰아붙이기보다는 따뜻한 시선과 기다림이 더 큰 변화를 이끌어낸다. 자녀가 자신의 속도대로 성장할 수 있도록 기다려주는 것, 그것이야말로 진정한 사랑이며 교육의 시작이다.

# 081
## 상대를 움직이게 하는 힘은 존중이다

사람은 누구나 인정받고 싶어 한다.

협상의 달인인 미국의 대통령 트럼프조차 "당신은 훌륭하다."라는 말을 들으면 강경한 태도가 누그러지곤 한다. 이 욕구는 심리학자 아브라함 매슬로우(Abraham Maslow)의 욕구 5단계 이론 중 존경 욕구(Esteem Needs)로 설명된다. 사람은 생존과 안전을 넘어, 자신이 존중받고 있다는 감정을 통해 자존감을 회복하려 한다.

협상에서 이 욕구를 자극하는 순간, 상대의 태도는 달라진다. 상대를 이기려 들면 마음은 닫힌다. 하지만 "당신 입장을 이해한다.", "당신은 충분히 가치 있는 사람이다."라는 말 한마디에 마음이 열린다. 이는 사회적 인정이 뇌의 보상중추(도파민 회로)를 자극한다는 신경과학 연구 결과와도 맞닿아 있다. 논리보다 감정을 건드리는 말, 그중에서도 존중이 핵심이다. 상대가 존중받고 있다고 느끼는 순간, 스스로 움직이기 시작한다. 협상의 본질은 이기는 것이 아니라, 상대가 자발적으로 선택하게 만드는 것이다.

이 원리는 자녀를 대할 때도 똑같이 적용된다. 입시를 앞두고 불안에 시달리는 고등학생은 날이 서 있다. 이때 부모가 다그치고 조언만 반복하면 아이는 더 굳게 마음을 닫는다. 필요한 건 충고가 아니라, 정서적 공감이다.

심리학자 칼 로저스(Carl Rogers)는 효과적인 관계의 핵심으로 공감적 이해를 강조했다. "요즘 힘들지?", "넌 이미 잘하고 있어." 이런 말이 아이의 불안을 진정시키고, 부모를 다시 신뢰하게 만든다. 이는 심리적 안전감(psychological safety)을 회복시키는 작용을 한다.

결국, 협상이든 양육이든 본질은 같다. 상대에게 존중받고 있다는 감정을 주는 것. 그 한마디가 사람을 움직이고, 관계를 변화시킨다. 시작은 말이지만, 결과는 행동이다. 존중은 모든 대화의 출발점이자, 신뢰를 여는 열쇠다.

# 082
## 낳았으되 소유하지 않는다

生而不有 爲而不恃 長而不宰
생이불유 위이불시 장이부재
"낳았으되 소유하지 않고, 행하되 기대지 않고, 길러내되 지배하지 않는다"

_ 『도덕경』

이 가르침은 도와 만물의 관계를 말하고 있지만, 부모와 자녀의 관계에도 적용할 수 있다. 부모는 자녀를 낳았더라도 소유하려 해서는 안 된다. 성장을 돕되, 자녀에게 기대거나 의존하지 말아야 한다. 양육하되, 간섭하거나 지배해서는 안 된다. 자녀는 부모의 분신이 아니라 독립된 인격체이다. 부모는 자녀가 스스로 자신의 길을 찾고 걸어갈 수 있도록 지원해야 하며, 자녀의 선택을 강요하거나 통제하는 태도는 지양해야 한다. 또한 자녀의 성공과 성취를 부모 자신의 공적처럼 삼는 것도 경계해야 한다. 자녀는 부모의 성취 수단이 아니라, 그 존재 자체로 존중받아야 할 대상이다.

이 가르침은 직장 내 관계에도 똑같이 적용된다. 성과를 만들어냈더라도 그것을 독점하거나 자신만의 업적으로 포장해서는 안 된다. 상사는 부하 직원의 성장을 돕고, 성과를 함께 이루어내는 존재이지, 그 위에 군림하는 지배자가 아니다. 부하 직원의 능력과 주체성을 존중하고, 과도한 통제 대신 자율성과 책임감을 키워주는 것이 진정한 리더십이다.

"長而不宰(장이부재, 기르되 지배하지 않는다.)"라는 가르침을 다소 현대적으로 변형하여, "장(長)은 회의를 오래 주재하지 말아야 한다."라는 의미로도 해석할 수 있을 것이다. 짧고 핵심적인 회의, 자율성을 보장하는 리더십이야말로 현대 조직에 필요한 모습이다.

결론적으로, "生而不有, 爲而不恃, 長而不宰(생이불유, 위이불시, 장이불재)"는 어떤 관계에서도 소유하려 하지 않고, 공을 독점하려 하지 않으며, 상대방의 독립성과 자율성을 존중해야 한다는 본질을 일깨워준다.

진정한 사랑이란 상대를 자유롭게 하는 것이며, 진정한 리더십 역시 상대의 자율성과 책임을 키워주는 데 있다.

# 083
## 사공이 많다고 배가 빨리 가지는 않는다

어떤 일이든 방향과 속도는 조율된 움직임 속에서 결정된다. 그러나 부모가 자녀의 삶에 지나치게 개입하거나, 상사가 부하의 업무에 세세하게 간섭할 때, 일은 오히려 더디게 진행된다.

자녀는 스스로 선택하고 실패하며 성장해야 하고, 조직에서도 각자의 역할과 책임이 존중받아야 효율이 생긴다. 여러 사람이 각자 다른 방향으로 노를 젓는다면 배는 제자리에 맴돌 뿐이다. 신뢰와 위임이 있을 때에만 진짜 속도가 붙는다.

# 084
## 사랑은 안식의 공간이다

　사랑은 잘할 때 주어지는 보상이 아니라 안식의 공간이다. 사랑은 조건을 채워야 받을 수 있는 보상이 아니다. 있는 그대로의 존재를 받아들이는 공간이다.

　비교는 아이를 불안하게 만들고, 기준은 사랑을 시험으로 만든다. 아이에게 필요한 것은 성취가 아니라 안심이다. 실수해도 괜찮고, 부족해도 괜찮다는 믿음이다.

　사랑은 평가의 결과물이 아니라, 언제든 머물 수 있는 공간이다.

# 085
## 아이 없는 천국과 아이 있는 연옥

하늘이 참 고요하다.
여긴, 사람들이 말하는 천국이라 한다.
눈 부신 빛, 만개한 꽃들, 고통도 분노도 피로도 사라진 곳.

하지만 내 품은 텅 비어 있다.
아이의 따스한 손길도, 재잘거리던 목소리도,
한밤중 갑작스러운 울음도 이곳엔 없다.

나는 앉아 있다. 이토록 평온한 곳에서.
그런데 이상하게도, 심장은 뛰지 않는다.
살아 있던 그때처럼.
하루하루 피로가 쌓이면서도
아이의 웃음 한 번에 모든 게 녹아내리던,
그 불안하고 분주했던 연옥 같은 날들처럼.

그곳엔 밥을 먹다 숟가락을 던지던 아이가 있었고,
잠 안 자겠다고 새벽 2시까지 버티던 아이가 있었고,
어디서 배웠는지 "엄마 참견 마."라며 대들던 아이도 있었다.
그리고 대입 수시전형에서 6 광탈하고,
엎드려 울던 큰아이도 있었다.

지금, 이 천국이라 불리는 곳에선
누구도 나를 부르지 않는다.
'엄마'라는 이름은 사라졌다.
누구도 나를 필요로 하지 않고,
나는 더 이상 아무도 지켜주지 않는다.

이제야 깨닫는다.
연옥은 고통뿐인 곳이 아니었다는 걸.
그 안엔 함께 아파하고 웃어준 아이가 있었고,
그 아이와 웃으며 버텨낸 내가 있었다.

그 불완전한 날들이
내 삶을 얼마나 눈부시게 했는지를.

나는 천국의 문 앞에서 조용히 속삭인다.
"아이 없는 천국은, 나에겐 지옥일 뿐이야."
그리고 다시, 연옥을 향해 걸어간다.

눈을 뜬다. 새벽 1시.
큰아이 방에 불이 켜져 있다.
작년 그토록 잔소리를 해도 들은 체도 않더니,
재수생이 된 지금은 스스로 공부를 하고 있다.

이제야 알겠다.
나를 지치게 하고, 울게도 만드는
이곳이야말로, 나에게는 천국이라는 것을.

# 086
## 사랑은 그의 심장을 내 안에 품는 일이다

사랑은 그의 심장을 내 안에 품는 일이다.

 사랑은 단순한 감정의 교류가 아니다. 진정한 사랑은 타인의 입장에서 생각하고, 그 마음을 나의 마음처럼 여기는 태도에서 시작된다. 다시 말해, 사랑은 그의 심장을 내 안에 품는 일이다. 상대의 고통과 기쁨, 분노와 슬픔을 나의 것으로 받아들이는 태도, 그것이 바로 사랑의 본질이다. 사랑은 위에서 내려다보는 시혜도, 멀리서 바라보는 동정도 아니다. 사랑은 그 사람 곁에 서는 용기이며, 나를 내려놓고 타인의 마음을 진심으로 보듬어주는 실천이다.

공자는 사랑을 뜻하는 '어질 인(仁)'을 설명하며 '용서할 서(恕)'라는 글자를 사용하였다. 이 글자는 '마음 심(心)'과 '같을 여(如)'로 이루어져 있어, '상대의 마음을 나의 마음처럼 같게 여긴다.'는 의미를 담고 있다. 공자는 "내가 원하지 않는 일을 남에게도 하지 말라"며 "己所不欲 勿施於人(기소불욕, 물시어인)"으로 이를 풀어냈고, 이는 '易地思之(역지사지)'의 정신과도 맞닿아 있다. 결국 사랑은 타인의 마음을 나의 것으로 받아들이는 태도에서 출발한다.

우리가 서로의 심장을 품을 수 있다면, 이 세상은 분명 조금 더 따뜻해질 수 있다.

# 087
## 사랑은 상처까지도 받아들인다

 사랑은 '마음으로 받아들이는 것'이다. 한자 '사랑 애(愛)'를 파자해 보면 '마음 심(心)'과 '받을 수(受)'로 이루어져 있다. 이 단순한 구조 속에 사랑의 본질이 담겨 있다.

 사랑은 마음으로 그 대상을 받아들이는 일이다. 상대의 잘난 점만이 아니라, 부족하고 못난 부분까지도 있는 그대로 끌어안는 것이다. 사랑은 조건적인 선택이 아니라, 무조건적인 수용이다.

이러한 사랑의 모습은 어머니의 모성애에서 가장 잘 드러난다. 아이가 공부를 잘하든 못하든, 성격이 활달하든 조용하든 관계없이 어머니는 자녀를 사랑한다. 그 사랑에는 조건이 없다. 모성애는 자녀를 평가하지 않고, 부족함마저 껴안는 포용의 마음이다.

진정한 사랑도 이와 같다. 누군가를 사랑한다는 것은, 그 사람의 장점뿐만 아니라 단점까지도 마음으로 받아들이는 것이다. 사랑은 감탄의 대상이 아니라, 수용의 태도다. 이상적인 모습만을 바라보는 것이 아니라, 현실의 있는 그대로를 품는 것이다.

그리고 이 사랑의 대상에는 타인만이 있는 것이 아니다. 바로 자기 자신도 포함된다. 자기 자신을 사랑하지 못하는 사람은 타인을 온전히 사랑하기 어렵다. 자신의 실수와 모자람, 후회스러운 과거까지도 인정하고 받아들일 수 있어야 진정한 사랑이 가능하다.

또한 사랑은 현재의 상황을 받아들이는 것까지 확장된다. 마음에 들지 않는 현실, 원하지 않았던 환경일지라도, 우선 받아들여야 한다. 그래야 문제를 해결하거나, 대안을 모색하거나, 현실을 수용할 수 있다. 니체가 말한 "네 운명을 사랑하라(Amor Fati)."도 결국, 주어진 삶을 있는 그대로 받아들이는 태도를 말하는 것이다.

결국 사랑이란, 타인과 자신, 그리고 지금의 삶까지도 있는 그대로 마음으로 받아들이는 용기이다. 그것이 바로 한자 사랑 애(愛)가 말해주는 사랑의 본질이며, 우리 모두가 지향해야 할 사랑의 자세다.

# 088
## 사랑은 돌고 돈다

사랑은 돌고 돈다.

세상은 둥글고,
마음은 흐른다.

주는 이는 잊고,
받는 이는 새긴다.

사랑은 머물지 않고
돌고 돌아
다시 처음의 자리로 되돌아온다.

누구의 것이라 할 수 없는 온기,
세대와 세대를 잇는 고리처럼
조용히, 그러나 깊게 퍼져가는
그 이름 없는 기적,
그것이 사랑이다.

물질세계의 마법사, 돈.
그 안에 사랑이 깃들면
세상은 천천히, 그러나 분명히 변한다.

탐욕 대신 나눔이 자라고,
거래 대신 신뢰가 흐른다.

사랑을 품은 돈이
돌고 돌 때마다
이 땅은 조금씩,
천국이 되어간다.

사랑아, 돈아
이 세상 끝까지
돌고 돌아라.

# 089
## 선을 쌓은 집에는 반드시 경사가 있다

積善之家 必有餘慶 積不善之家 必有餘殃

적선지가 필유여경, 적불선지가 필유여앙

"선을 쌓은 집에는 반드시 경사가 있고, 악을 쌓은 집에는 반드시 재앙이 있다."

_『주역(周易)』 중 「문언전(文言傳)」

이 말이 운명을 점치는 책인 『주역(周易)』에 담겨 있다는 사실에 주목할 필요가 있다. 운과 불운조차 단지 우연이 아니라, 결국 우리의 삶과 선택, 그리고 쌓아온 태도와 무관하지 않다는 뜻일지도 모른다.

입시를 앞둔 지금, 결과에만 마음을 쏟기보다 부모로서 어떤 삶의 태도를 자녀에게 보여주고 있는지 돌아보는 것이 중요하다. 정직함, 배려, 성실함 같은 가치는 대학 합격보다 더 오랫동안 자녀의 삶에 영향을 미친다.

아이들은 부모의 말보다 삶의 방식을 더 잘 배운다. 부모가 선한 행동을 하면, 그 기운이 자녀에게 전해져 마음과 행동 모두에 스며든다. 그 영향력은 단순한 모방을 넘어, 자녀가 스스로 바른 선택을 하도록 만드는 내적인 힘이 된다.

선한 영향력은 결국 자녀에게 전해지는 가장 큰 유산이다. 입시는 인생의 전부가 아니다. 바른길을 함께 걷는 것, 그것이 진짜 성공의 길이다.

## 선물 같은 하루를 만드는
# 여덟 번째 기술

## 초보 인생 가이드

✓ **누군가에게 감사 메시지 전하기**
하루 한 번 가족·친구에게 "고마워" 같은 짧은 감사 문자 보내기.

✓ **작은 배려 행동 실천**
오늘 하루 주변 사람을 위해 할 수 있는 작은 배려 행동 한 가지 실천하기.

## 인생을 선물처럼 살아가기 위한 질문

**질문 22** 내게 중요한 사람과 건강한 관계를 맺고 있는가?

**예시 답:** 엄마와 자주 부딪히지만, 금방 풀어진다. 내가 많이 까칠해져서 미안하긴 하다.

---

**질문 23** 관계에서 내가 자주 반복하는 실수는 무엇인가?

**예시 답:** 내 주장만 강조하고, 상대의 입장을 잘 안 듣는다. 감정이 격해질 때 폭발했다가 후회하곤 한다.

---

**질문 24** 나를 있는 그대로 받아주는 사람은 누구인가?

**예시 답:** 어릴 적 친구.

제 9 장

# 입시에 맞서려면 단단해져야 한다

"내일의 불확실성은 두려움이 아니라 가능성이다."

"즐거운 상상은 뇌를 설득하는 가장 강력한 처방이다."

"결과보다 중요한 것은 그것을 어떻게 해석하느냐다."

# 090
## 원하는 대학 가려면 남보다 앞서야 한다

남들과 같은 속도로는 남들과 같은 결과밖에 얻을 수 없다.

원하는 곳에 도달하려면, 남들이 멈출 때 더 나아가고, 남들이 걸을 때 달려야 한다.

## 091
### 글자는 숫자를 넘어서지 못한다

> 잘 쓴 글은
> 사람을 감동시킨다
>
> 그러나 글자는
> 숫자를 넘어서지 못한다

고교 생활기록부가 아무리 화려해도 내신 성적표를 넘어서지 못한다.
나의 재테크 지식이 아무리 뛰어나도 주식 계좌의 숫자를 극복하진 못한다.
상사의 칭찬이 아무리 달콤해도, 통장에 찍히는 숫자를 이기지 못한다.

# 092
## 흘려보내야 할 것은 시간이 아니라 눈물이다

흘려보내야 할 것은 시간이 아니라 눈물이다.

흘린 눈물은 시간이 지나면 마르지만,

흘려보낸 시간은 다시 돌아오지 않는다.

그러니 책을 보아야 할 시기에는 책을 보아야 한다.

# 093
## 나보다 못한 애가 명문대 가면 속상한 이유

　입시 결과에 대한 만족과 불만족은 단순히 학교 수준만으로 결정되지 않는다. 개인이 가진 기대치와 주변과의 비교가 만족 수준을 크게 좌우한다.

　심리학의 '기대불일치 이론'에 따르면, 사람은 기대와 실제 결과와의 차이에 따라 만족 또는 불만족을 느낀다. 예를 들어 높은 기대치를 가지고 "서성한은 붙겠지."라고 예상했는데 중경외시에 합격하면, 결과가 결코 나쁘지 않아도 실망할 수 있다. 반대로 기대가 별로 높지 않은 경우에는 기대치보다 좋은 결과를 얻으면 만족감이 커진다. 이를 완화하려면 과도하지 않은 현실적인 기대를 가지고, 결과를 단순한 대학 서열이 아니라 진로 적합성이나 전공 매칭 등 다양한 기준에서 바라볼 필요가 있다.

한편, '공평성 이론'은 자신의 노력 대비 성과를 다른 사람과 비교해 공정하다고 느끼는 정도가 만족도를 결정한다고 본다. 노력한 만큼의 결과를 얻지 못했다고 생각하면 억울함과 분노가 커지고, 이는 실제로 뇌에서 사회적 고통을 유발한다. 이를 줄이기 위해서는 입시 평가가 다양한 요소로 구성됐음을 이해하고, 필요한 경우 하향 비교를 통해 심리적 안정을 찾는 방법이 효과적이다.

결국 입시 결과를 긍정적으로 받아들이려면 기대 수준을 과도하지 않게 현실적으로 조정하고, 결과를 다각도로 해석하며, 비교 기준을 전략적으로 설정해야 한다. 이런 접근은 단순한 위로를 넘어 심리적 안정과 향후 성장을 실질적으로 돕는 방법이 될 수 있다.

# 094
## 절망의 끝에서 희망은 시작된다

『주역(周易)』에서 산지박(山地剝)과 지뢰복(地雷復)은 절망과 희망, 붕괴와 회복, 끝과 시작이 어떻게 맞닿아 있는지를 잘 보여주는 대표적인 괘다.

### ☷☶ 산지박(山地剝) - 모든 것이 무너지는 시기

산지박은 산(☶)이 땅(☷) 위에 있는 형상인데, 산이 깎여 나가듯 기반이 하나씩 무너져 내리는 형상을 뜻한다. 맨 위에 양효(━) 하나만 남고, 아래

다섯 효가 모두 음효(--)로 변하며 무너져 가는 모습이다. 믿었던 관계, 쌓아온 노력, 지켜온 자신감이 서서히 허물어지고, 앞이 보이지 않은 채 움직일수록 더 깊은 혼란 속으로 빠져드는 시기, 이 괘는 바로 그런 절망의 시간을 상징한다.

### ☷☳ 지뢰복(地雷復) – 희망이 되살아나는 시기

그러나 산지박은 끝이 아니다. 그다음에 오는 괘가 바로 지뢰복이다. 땅(☷) 속에 우레(☳)가 잠재한 형상인데, 겨울이 지나고 봄이 오듯 숨겨져 있던 생명이 다시 움직이기 시작하는 모습을 뜻한다. 맨 아래 첫 효만 양효(─)이고, 나머지 다섯 효는 음효(--)인 모습으로, 가장 어두운 시기에 바닥에서부터 희망의 불씨가 되살아남을 뜻한다. 절망의 끝자락에서 솟아오르는 단 하나의 양(陽), 그것이 복(復)이며 회복과 재생의 시작이다.

주역은 이를 두고 말한다.
칠일래복(七日來復). 일곱 날이 지나면 반드시 되돌아온다. 자연의 순환처럼, 무너짐의 끝에는 반드시 되돌아오는 흐름이 있다.

### 입시의 절망, 산지박의 국면

대학입시는 냉정하다. 누군가는 수시 6 광탈하고, 정시 세 곳마저 물거품이 되기도 한다. 모든 문이 닫히고, 길이 보이지 않는 순간. 이것이 바로 입시에서 마주하는 산지박의 국면이다.

하지만 주역이 전하는 중요한 진실이 있다. 산지박 다음엔 지뢰복이 온다는 것. 절망은 고정된 운명이 아니라 변화의 전조다. 무너지는 그 순간에도 단 하나, 희망만은 놓아서는 안 된다.

### 희망을 놓지 않는 자에게 열리는 복(復)

지뢰복은 다시 시작할 수 있는 힘이 내 안에 남아 있음을 알려준다. 지금은 눈에 보이지 않더라도, 절망 속에서 꺼지지 않은 작은 의지 하나가 곧 변화의 씨앗이 되어 반드시 현실의 기회로 되돌아온다.

산지박 속에서도 희망을 붙잡는다면, 지뢰복은 반드시 찾아온다. 진정한 전환은 포기하지 않는 마음에서 시작되고, 그 마음이 절망을 이겨내어 복을 부르는 힘이 된다.

# 095
## 수시는 전쟁터, 정시는 지옥

만화 〈미생〉 패러디 대화

수시가 전쟁터라면
정시는 지옥이다.
그러니 재학생이라면 우선 수시에 집중하자.

# 096
## 대학입시에서 탐욕과 두려움을 극복하라

대입 수시 원서는 가까운 과녁과 먼 과녁을 향해 날아가는 화살과 같다.

두려움에 묶이면 멀리 닿지 못하고, 탐욕에 끌려 무리하게 쏘면 여섯 발은 허공에 흩어진다.

결국 한두 발은 반드시 맞히되, 자신에게 알맞은 과녁에는 한 발을 명중시키는 것을 목표로 해야 한다.

# 097
## 이상치는 평균으로 회귀한다

'평균으로의 회귀'는, 성과가 일시적으로 극단적인 값을 보인 뒤 시간이 지나면서 다시 평균 수준으로 돌아가는 경향을 말한다.

입시에서도 이런 현상이 나타날 수 있다. 작년에 경쟁률이 유난히 낮았던 학과는 올해 지원자가 늘어날 가능성이 있어 피하는 게 나을 수 있다.

반대로 작년에 경쟁률이나 합격선이 비정상적으로 높았던 학과는 올해

기피 대상이 될 가능성이 있어 오히려 기회가 될 수도 있다.

결국 핵심은 군중심리를 거꾸로 읽는 데 있다. 모두가 가는 곳은 위험할 수 있고, 모두가 외면하는 곳에 기회가 있을 가능성이 있다.

다만 작년의 변동이 제도 변화 같은 외부 요인 때문이었다면 올해도 같은 현상이 이어질 수 있으니, 원인을 먼저 살펴보는 게 좋다.

# 098
## 대학입시 골품제

부모의 마음:

"어떻게 6두품이라도 안 될까?"

# 099
## 입시는 끝날 때까지 끝난 게 아니다

    수시 원서 접수가 입시의 끝은 아니다.

    수시 지원 후 집중력을 잃고 수능과 면접 준비를 소홀히 하면, 적정 지원은 단숨에 상향 카드로 돌변하고, 자칫 수시 6 광탈이라는 최악의 상황을 맞을 수 있다. 특히 수능 최저를 충족하지 못하면 절반 이상의 카드는 한순간에 휴지 조각이 된다.

그러니 원하는 학교의 합격증을 손에 쥘 때까지, 긴장의 끈을 절대 놓아서는 안 된다.

반대로 추추추추합의 소식이 들려올 때까지 희망의 끈을 미리 놓아서도 안 된다. 입시는 끝날 때까지 끝난 게 아니다.

# 100
## 즐거운 상상은 뇌를 설득하는 강력한 처방전이다

"지금 이 점수로, 정말 가능할까?"
수많은 학생들이 목표 앞에서 스스로 먼저 포기하곤 한다.
하지만 입시는 단순한 점수 싸움이 아니다.
공부에 불을 붙이는 건 결국 상상력이다.

가고 싶은 학교에 극적으로 합격해 캠퍼스를 거닐고, 축제에 참여하고, 따뜻한 햇살 아래 누군가와 웃으며 걷는 모습을 그려보자.

막연한 바람이 아니라, 마치 지금처럼 생생하게 상상하는 것이다.
이처럼 구체적인 상상은 단순한 공상이 아니다.
우리의 뇌는 그 장면을 실제 경험처럼 받아들이고,
그 기대에 맞춰 집중력과 몰입도를 자연스럽게 끌어올린다.

실제로 많은 운동선수와 배우들은 무대나 경기 전에 성공하는 장면을 반복적으로 상상한다.
완벽한 연기나 경기 후, 관중의 박수를 받는 모습을 머릿속에 수백 번 그리는 것이다.
그 생생한 상상은 뇌를 훈련시키고, 실제 경기력과 무대 집중력을 끌어올리는 데 도움을 준다.

입시도 마찬가지다.
"될 리 없어."라는 마음은 행동을 멈추게 하지만,
"진짜 될 수도 있어."라는 상상은 공부를 계속하게 만든다.
뇌는 상상을 현실처럼 믿고, 몸은 그 현실을 향해 나아간다.

상상하라.
그리고 그 상상에 걸맞은 노력을 오늘부터 시작하라.
미래는 가장 생생하게 상상한 사람의 것이 된다.

## 선물 같은 하루를 만드는
# 아홉 번째 기술

## 초보 인생 가이드

**✓ 집중 시간 설정하기**
하루 일정 시간은 휴대폰을 다른 곳에 두고, 오직 공부만 하는 시간을 확보한다.

**✓ 실패(오답) 노트 작성**
오늘 틀리거나 실수한 부분을 기록하고, 반드시 해결 방법 한 줄을 적는다.

## 인생을 선물처럼 살아가기 위한 질문

**질문 25** 입시 준비 중 가장 버거운 순간은 언제인가?

예시 답: 노력만큼 점수가 안 나올 때, 무기력감이 몰려온다.

**질문 26** 그럴 때마다 나는 어떤 방식으로 마음을 다잡는가?

예시 답: 과거 내가 해낸 순간을 떠올리고, 할 수 있다고 되뇐다.

**질문 27** 내 인생에서 입시가 차지하는 비중은 어느 정도인가?

예시 답: 지금 당장은 내 인생의 전부인 듯한 느낌도 든다. 그래서 힘들다.

## 부록
# 대학입시, 이렇게 성공했다

"작은 활동도 진심을 담으면 단순한 기록이 아니라 성장의 증거가 된다."

"열정이 담긴 기록은 부족한 숫자를 채워준다."

"같은 실수를 반복하지 않겠다는 결심이 합격의 출발점이다."

# 001
## 열정이 실린 생기부는 기적을 불러온다
글쓴이: 2025년 대입 고려대 학우전형 합격생 엄마 서윤

 지난 고등 3년간 멋진 입시 후기 쓸 날을 상상하며 지냈는데 꿈꾸던 순간이 현실로 다가와 너무 기쁩니다. 저희의 경우 1학년 1학기 내신이 예상과 달리 너무 낮게 나오는 바람에 3년간 정신적으로 굉장히 힘든 시간을 보냈습니다. 하지만, 교과가 안 되면 학종이라는 제도가 있으니, 우리가 할 수 있는 최선을 다하자는 생각으로 마지막 3학년 1학기까지 생기부 작성에 온 힘을 다했습니다. 내신 공부를 열심히 했지만, 늘 예상만큼 결과가 나오지

않았습니다. 그렇기에 저희가 할 수 있는 부분을 찾아 마지막까지 포기하지 않고 최선을 다했는데, 그 노력이 1지망 합격이라는 결과로 나타났습니다. **입시를 치러 보니 대학은 자신들의 과에 맞게 성실히 노력하고 진심을 다한 학생을 귀신같이 알아채고 뽑는다는 느낌이 들었습니다.** 부족한 글이지만 저희처럼 지극히 평범한 지방 일반고에 다니는 학생들에게 단 한 가지라도 도움이 되길 바라며 후기를 시작합니다.

## (1) 지원 현황 및 결과

**1) 내신**

전 과목 총 내신 2.1 / 고대식 내신 1.8
(1학년 1학기 2.4로 시작해 지속적인 우상향 그래프로 마지막 총 내신은 2.1)

**2) 지원 현황 및 결과**

① 고려대 학우 – 최초합/등록
② 성균관대 융합형 – 불합
③ 한양대 학종 추천형 – 불합
④ 중앙대 융합형 – 최초합
⑤ 시립대 면접형 – 추합
⑥ 경희대 네오르네상스 – 불합
(①, ④, ⑤, ⑥ 동일 계열 ②, ③ 동일과– 생기부는 ①, ④, ⑤, ⑥으로만 맞춰져 있음.)

3학년 학기 초 상담 갔더니 담임 선생님이 2점 대 초반의 내신을 보시고 우리 학교 입결로 보면 교과로 동국대 정도라고 말씀하셨습니다. 그때만 해도 저희 아이가 고대를 최초합 하리라고는 상상하지 못했고 중앙대만 갈 수 있어도 정말 좋겠다고 생각했습니다. 그래서 중앙대 발표한 날 최초합 결과를 보고 '아, 6광탈은 아니구나. 이제 입시 끝났구나.' 싶어 너무 기쁜 나머지 저도 모르게 눈물이 흐르더라고요. 그런데 고대 추합도 아니고 최초합이라니!!! 고대 발표한 날은 너무 놀라 엉엉 울었답니다. 1지망에 최초합을 할 거라 크게 기대하지 않았던 터라 이 순간의 감동을 평생 잊지 못할 것 같아요.

### (2) 학교 특성

지방의 평범한 사립 일반고인데 토마스 아카데미 원장님 말씀으로는 편차나 편제를 보았을 때 지방 일반고 중상 수준 정도라고 하셨습니다. 입결로 보면 메디컬 1~2명, 스카이 1~3명 정도, 서성한중경외시도 몇 명 안 되는 학교입니다. 그러니 선배들의 입결로는 참고할 것이 거의 없었습니다. 인성 교육을 위주로 하는 학교라 성적으로 차별하지 않기에 공부에 흥미가 없는 아이들에겐 아주 좋은 곳이고 공부할 애들은 알아서 생존해야 하는 구조였습니다. 학교 전체적인 분위기가 교사들의 열정이 거의 없고 그래서 생기부에 작성할 만한 창체(창의적 체험활동) 프로그램을 찾아보기가 힘들었지만, 운이 좋게도 세 분의 담임 선생님들께서 모두 아이를 많이 아껴주시고 나름 생기부를 잘 쓰시는 분들이었습니다.

이런 학교에서 낮은 내신을 극복하고 학우로 고대에 합격했으니, 아들의 입시 결과를 보고 선생님들도 정말 많이 놀라셨답니다. 이 척박한 환경에서

3년간 생기부를 정말 열심히 챙겼는데 결국 생기부로 부족한 내신을 뛰어넘었으니까요. 하지만 학종은 정말 모를 일이라고 고대, 중대가 최초합인데 시립대는 추합, 경희대는 1차 불합격이더라고요. 면접 비중이 50%로 매우 높아서 압박 면접을 많이 한다는 시립대는 면접에서 너무 쉬운 질문만 해서 최초합이지 않을까 생각했는데 합격 안정권이긴 했지만 예비가 떠서 조금 당황했어요. 안정 지원이었던 시립대는 1차 붙었지만 경희대는 떨어지니, 이러다 6 광탈할 수도 있겠다 싶어 시립대 면접에 사활을 걸어야지 했는데 중앙대 최초합과 고대 최초합 결과를 보니 얼마나 기쁘던지요. **이렇게 6지망 떨어지고 1지망이 붙는 예도 있으니, 마지막까지 희망을 놓지 마시기를요!**

### (3) 수시 원서 구성

저는 아이 입시의 시작과 끝을 오직 토마스 아카데미와만 함께했습니다. 제 판단에 무림 고수이신 원장님만 믿고 가면 된다고 생각해서 교육청 컨설팅도, 대학교 상담도, 다른 어떤 사교육 컨설팅도 받지 않았고 학교 상담도 큰 기대를 하지 않았어요. 이 정도 내신을 가지고 어디 가서 상담받는다 한들 아이 생기부를 자세히 분석하여 거기 맞춰 상담을 해주지도 않을 테고 당연히 교과 위주로 낮은 학교만 이야기할 것 뻔하니까 저의 정신 건강상 가지 않은 것이기도 합니다. 〈토마스 입시광장〉 열심 멤버의 특권으로 원장님 배치 상담을 받을 수 있다는 것이 제게 고3 1년간 너무나 큰 힘이 되었던 이유입니다. 저는 원서 영역은 담임 선생님에게 기대할 것이 아니라 오직 부모와 아이가 알아서 해야 할 몫이라고 여겼으니까요.

저희 아이의 경우 학교 입결과는 거리가 멀고 6 학종으로 원서를 쓴다는 건 누가 봐도 6 광탈 위험이 있는 것이기에 주변에서 배치 컨설팅을 다른 곳에서 한 번 더 받아보고 비교를 해보면 좋지 않겠냐고 권유했는데, 저와 남편이 아무리 연구하고 또 연구해 봐도 원장님이 해주신 컨설팅 이상의 원서 조합을 뽑을 수가 없다는 생각이 들어 더 이상의 컨설팅은 무의미하다는 결론을 내렸습니다. 그 당시 원장님이 상담 후 보내주신 수시 원서 구성에 관한 조언 글을 저와 남편 모두 매일 보고 또 보았더니 완벽히 외울 정도였답니다. 만약에 제가 입시에 대해 잘 몰랐다면 다른 곳에 가서 배치 컨설팅을 한 번 더 받아봤을 것 같아요. **결국 부모가 자식 입시에 관해 연구하고 고민을 많이 한 만큼 중요한 결정의 순간 큰 힘이 된다는 생각이 듭니다.** 돌아보면 여섯 장 중 두 장 최초합, 한 장 추합이면 원서 영역은 아주 성공적이었다고 생각합니다.

하지만 제가 제자들의 경험에서 6 광탈의 충격과 아픔을 너무 잘 알고 있어 6 광탈에 대한 공포가 있는 데다 6 학종으로만 원서를 쓰려니 불안한 감이 없지 않아 원장님께 용기 내어 혹시 건국대까지 써야 하는 건 아닌지 여쭈었더니, 불안하시면 그래도 되지만 정상적인 경우라면 경희대까지만 쓰면 맞는 생기부라고 하셔서 과감히 이렇게 원서를 썼습니다. 원장님께 합격 소식을 전하자 너무 기뻐하시며 아이 학교에서 6 광탈할 수도 있다 해서 '만에 하나 다 떨어지면 내가 그 원망을 들을 텐데 어떡하지.' 걱정이 되었지만, 저희 아이는 될 거라는 확신이 있어서 밀어붙이셨다고 하셨습니다. 제가 교사 입장에서 봤을 때 부모가 불안해하면 책임 회피 차원에서 그냥 한 장 낮춰 쓰라고 해도 되는데 끝까지 소신 있게 말씀해 주신 원장님께 너무 감사했습니다.

원장님이 그 외에 리스트로 뽑아주신 학교는 연대 활우, 고대 계적, 서강대 학종 등도 있었는데 저희 아이는 절대 재수는 못 하겠다고 했기에 안정으로 지원하느라 고대, 연대, 서강대 중 최저가 젤 높고 면접이 없는 고대 학우만 선택했습니다. 연대 활우는 내신이 부족하고 학교도 선발 유형 학교는 아니지만 개인 활동이 매우 뛰어나 지원 가능선에 있다고 하셨고 고대 계적도 일반고 학생 중에 비교과가 매우 우수해서 넣어볼 만하다고 하셨으며 서강대, 성대, 한양대, 중앙대도 모두 내신은 부족하지만, 비교과가 매우 우수하여 내신 1점 후반대 아이들보다 더 높은 평가를 받을 수 있다고 하셨습니다. **또 이 계열 지원자 중 저희 아이보다 더 관련 과목 이수가 많은 일반고 학생은 전국에 없을 것이고, 전공과목 수강자가 스물다섯 명 소수 인원이었지만 1, 2학기 모두 1등으로 1등급인 데다 수학 성적이 문과생인데 이 정도면 괜찮아서 승산이 있다 하셨습니다.**

저희의 경우 원장님께서도 내신과 생기부의 간극이 커서 교과로는 도저히 쓸 수가 없으니, 상식적으로 그래서는 안 되는 6 학종으로만 원서를 써야만 하는 경우라고 하셨는데, 결국 열정이 담긴 생기부로 숫자를 뛰어넘게 되었습니다.

### (4) 하고 싶은 말

1) 저희 아이는 중학교까지 제일 좋아하는 과목이 수학이었기에 수학을 싫어해서 문과를 간 것이 아니었습니다. 1학년 10월까지 당연히 이과만 생각하고 계속 과학 선택 과목을 고민하다 마지막 10월 최종 선택을 앞두고 아무리 생각해도 문과 기질이 훨씬 더 강한 것 같다는 부모의 판단에 아이

와 상의하여 문과로 변경했습니다. 최종 선택 이틀 전, 하교한 아이에게 문과의 선택지를 이야기하니 아이도 도저히 공대는 못 가겠다고 해서 **문과로 변경했는데 지금 판단했을 때 그 선택이 아이 입시에서 가장 최고의 결정이었다는 생각이 듭니다.** 찐 문과인 아이 성향이 갈수록 두드러지기 때문입니다. 아이는 할 일이 딱히 없으면 전공 관련 두꺼운 벽돌 책들을 읽는데 이런 애를 단지 취업이 더 쉽다는 이유로 이과 보냈으면 어쩔 뻔했나 싶습니다. 아이 학교는 2학년 1학기에 수1과 수2, 2학기에 미적과 확통 동시 진행이었는데 선행도 제대로 안 한 미적, 확통을 같이 하기엔 너무 무리가 있다고 판단되어 미적만 선택했습니다.

다소 예민한 아이는 그 당시 남고에서 문과를 선택한 것에 대해 많은 두려움과 패배감이 있었습니다. 학교에서 문과에 대한 부정적인 이야기를 자주 듣고 와서 대학 졸업 후 취업이 안 되면 어떡하냐며 불안해하고 힘들어했는데 그때마다 아이에게 세상을 움직이는 건 문과라며 위로하고 용기를 주면서도 마음이 많이 아팠습니다. 사실 저희 부부, 양가 형제들 모두가 이과 출신이라 대한민국에서 문과생으로 산다는 것을 단 한 번도 생각해 본 적이 없었기에 아이를 통해 다양한 세상을 알게 된 계기가 되었고 제 그릇이 넓어질 수 있어 참 감사했습니다.

**2) 아이가 낮은 내신에도 불구하고 고대를 쓸 수 있었던 이유는 수능 최저 4합 8을 맞출 수 있을 거라는 자신감이 있었기 때문입니다.** 모의고사 성적이 고1, 2 때는 국·영·수로 3합 4 정도가 나왔고 고3 교육청 모의고사는 3합 4에서 5, 고3 6월과 9월 모의고사는 3합 6에서 7 정도였지만 4합 8을 목표로 꾸준

히 공부했습니다. 그런데 나중에 시험 끝나고 고백하기를, 고3 땐 마음이 너무 힘들어서 열심히는 못 했다고 하더군요. 고3 현역은 집중력이 떨어지는 상황이 계속 펼쳐지니, 고3 1년만 수능 공부 열심히 해도 괜찮은 결과가 있을 거라 생각합니다. 아이는 일단 수능 최저는 무조건 국·영·수로 맞춰야 한다 생각하고 국·영·수를 중점으로 공부했고 사탐은 고3 여름방학 이후 본격적으로 공부해서 수능에 2가 나왔습니다. 물론 사탐 과목을 2학년 내신 할 때 열심히 했고 모의고사도 1, 2등급은 나왔었어요. 언제든 열심히 해 놓은 건 절대 어디 안 가더라고요.

여름방학 이전에 국어와 수학에 집중하느라 탐구를 제대로 하질 않아서 고3 1학기 동안 탐구 모고 등급이 1부터 4까지 아주 다양하게 나왔기에 제 속이 조금 타긴 했지만, 그나마 영어가 늘 안정 1이었던 것이 얼마나 큰 힘이었는지 모릅니다. 원장님께서도 3학년 초 진로 상담 때, 국·영·수 밸런스가 아주 좋다고 하셨고 이대로만 하면 수능 잘 볼 수 있을 것 같다고 해 주셔서 큰 용기가 되었습니다. 하지만 수미잡이라고 수능에서 상상치 못한 성적이 나오는 것을 주변에서 많이 보았고 2025 입시에 의대 재수생들이 역대급으로 들어온 데다 문과생이 미적 선택이어서 걱정했는데, 결국 4합 8을 안정적인 점수로 맞추었습니다. 현역은 어떻든 수시로 가는 게 가장 쉽게 대학을 가는 것이고 **물론 내신이 가장 중요하지만, 생기부나 수능력 또한 만만치 않게 중요하다는 것을 절감했습니다.**

여섯 장의 원서 중 수능 최저가 있는 전형이 고대(4합8) 와 한양대(3합7) 뿐이었는데 두 학교만 최저가 있다는 것이 수능 공부에 큰 동력이 되어주지 못한 것도 있지만, 아무리 수능을 망하더라도 두 학교만 날아갈 뿐 나머지 네 학교에 희망을 품을 수 있다는 사실이 아이에게 한편으로는 안정감을 주기도 했습니다. 그 생각이 수능 날 그렇게 많이 떨지 않고 맘 편히 볼 수 있게 해주어 오히려 결과가 좋았던 것 같다고 합니다.

3) 그러면 학교 프로그램도, 입결도 없는 지방 일반고에서 이 내신으로 어떻게 고대에 합격했을까? **수능 최저 충족도 한몫했지만, 가장 중요한 요인은 생기부에 아이의 모습이 잘 담겨 있었다는 점입니다.** 원장님께서 배치 상담 시 과목 세특과 창체 밸런스가 잘 맞고 같은 내신대의 아이들과 비교했을 때 열심히 한 흔적이 남달라서 부족한 내신을 충분히 극복할 거라고 하셨습니다. 중앙대와 고대를 최초합 한 결과를 보니 **내신 성적 0.3~0.4 정도는 동일한 학습 능력이 있다고 보고, 생기부 안에서 아이의 가능성을 제대로 평가한다는 생각이 많이 들었습니다.** 아이가 세특 챙기기 힘들어할 때마다 어느 구름에 비 들어 있을지 모를 일이고 네 내신이 부족하므로 할 수 있는 노력은 다해야 한다고 계속 격려하며 3학년 끝까지 할 수 있는 한 생기부를 챙겼는데, 이렇게 1지망 합격이라는 결과를 마주하니 너무 기쁘고 감사했습니다.

**다음으로 아이의 모든 생기부 내용을 책과 연결해 심화 탐구를 많이 했던 영향이 컸다고 생각합니다.** 아이 생기부 안에 총 서른세 권의 책이 들어가 있습니다. 실제로 고려대에서 아이 고등학교와 간담회 이후 직접 아이에 대한 개인적인 평가서를 주신 걸 보니 "독서의 경우 단순 나열은 무의미하지만, 이 학생처럼 활동 및 교과 심화 탐구 과정에서 읽은 독서 활동은 유의미하게 평가함. 자체 분석에서 3년간 꾸준한 진로활동, 독서로 탐구력을 보여준 것이 내신을 이겼을 것."이라고 되어 있었습니다. 저희 아이는 중등 3년간 매일 1시간 이상씩 책을 읽은 독서광이었습니다. 인문, 과학, 소설, 법, 경제 등 모든 장르를 가리지 않고 고전 위주로 3년간 정말 많은 책을 읽었고 또 읽은 책은 모두 노트 한 페이지 이상씩 독후감을 썼어요. 그렇게 정리를 해 두었더니 고등에 와서 세특 보고서를 쓸 때마다 내용에 맞는 책이 자동으로 떠올랐던 거죠. 다만 전공과목에서는 주제에 맞춰 깊이 있는 책을 새로 사서 읽었고 고등 3년간 전 과목에서 교과서 내용을 책으로 심화하고 탐구한 모습을 보여주었어요. 심지어 창체도 거의 책과 연관을 시켰답니다. **학교 프로그램이 매우 빈약했지만, 저희 아이 생기부가 숫자를 뛰어넘는 보기 드문 생기부가 된 것은 단연코 책이 가장 주요한 요인이었다고 생각해요.** 아이들 중등에는 공부도 중요하지만 매일 조금씩이라도 책을 읽어두면 언제든 유익한 영향을 줄 거라 생각합니다. 고등학교에서는 책 읽을 여유가 많지 않기에 중등 때, 그리고 고등에서라도 틈틈이 시간 내어 독서를 꾸준히 하길 추천하는 바입니다. 하지만 생기부를 꼭 책으로 엮어야만 고평가를 받는 건 아닙니다. 다만 저희의 경우 기록할 학교 프로그램이 너무 없고 문과라서 책과 연결하는 것이 최선이었습니다.

4) 입시를 마치고 보니 고등 3년이 우리에게 남긴 교훈들이 있더라고요. 치열한 숫자 싸움으로 3년이 지나고 나면 상처만 남을 것 같았는데, 1학년 1학기 수학 4등급이라는 숫자를 보고 그때 입시를 포기했으면 어땠을까 생각하니 꾸준함과 인내의 열매가 참 풍성하구나 싶어 고려대 합격 증서를 받고 감개무량했습니다. **3년 동안 열 번의 허들을 넘으며 노력에 비해 결과가 나오지 않았을 때의 좌절감을 매번 딛고 일어서 결국 원하는 대학에 입학한 경험은**

아이가 살면서 고난이 닥칠 때마다 큰 힘이 되어줄 거라 믿습니다. 아이 말이 '안 될 것 같은데 그냥 포기해 버릴까?'라는 생각이 들 때마다 '고1에 내가 포기했으면 지금 이런 결과가 없었지.'라는 생각으로 다시 도전하게 된다고 해요. 사람이 살면서 어떤 어려움에도 포기하지 않고 끝까지 최선을 다한 경험은 정말 중요한 것이기에 고등기간 동안 **"끝날 때까지 끝난 게 아니다."**라는 것을 3년간 마음에 새기며 최선을 다해볼 수 있기를 바랍니다.

   고등 3년간, 아이는 정말 많은 성장을 이루게 될 거예요. 아이가 잘 성장하기 위해선 더디 자란다고 먼저 나서서 잡아당겨서도 안 되고 내가 원하는 모습의 꽃이 아니라고 꺾어서도 안 되며 오직 자신만의 꽃을, 자신만의 때에 피울 수 있도록 적절한 때, 적절한 만큼의 물과 거름을 주고 혹여 휘어 자라면 바로 자랄 수 있도록 조용히 지지대 세워주며 묵묵히 지켜보는 방법 외엔 없더라고요. **어떤 경우라도 아이와의 관계가 최우선이 되어야 한다는 것, 내 아이가 어떤 대학을 가더라도 그 자체로 소중한 존재라는 것, 결과보다는 과정을 중요시하는 것, 아이 인생에서 가장 힘든 순간 멋지고 든든한 어른으로 아이 곁에 있어 줄 좋은 기회를 놓치지 않는 것, 이런 것들이 아이와의 관계에서 입결보다 더 중요한 평생의 자산이랍니다.**

   5) 아이의 입시를 돌아보면 운이 좋았음을 부인할 수가 없습니다. 상산고 입시에 실패하고(상산고에 붙었다면 고대를 현역으로 합격하는 건 불가능했다고 봅니다.), 평범한 일반고에서 3년간 생기부 잘 쓰시는 담임 선생님을 만난 것, 전공이나 다른 사회 과목이 조금만 삐끗했어도 1등급이 나오지 못했을 텐데 1등으로 1등급을 유지할 수 있었던 것, 전공 선택 몇 과목에서

시험을 조금 어렵게 내셨고 원점수가 100이라 고대식 내신이 0.3이나 올랐던 것, 그리고 수능에서 생활과 윤리 과목이 역대급으로 어렵게 나오는 바람에 아이에게 매우 유리했던 것 등 고대에 합격하기까지 보이지 않는 많은 행운이 있었습니다. 하지만 **결국 이런 행운도 준비된 자에게만 온다는 것을 기억하고 묵묵하고 성실하게 중등부터 잘 준비할 수 있으면 좋겠습니다.** 축구로 비유하자면 골은 갑자기 만들어지는 슈팅이 아니라, 수많은 패스와 준비가 만들어낸 결과니까요.

### 요약 첨언

① 내신이 높으면 생기부가 조금 허술해도 큰 상관이 없지만 내신이 조금 부족한 경우 (어렵긴 하지만) 잘 꾸려진 생기부로 커버가 가능합니다. 그것이 학종이죠. 하지만 그 어떤 경우라도 내신이 최우선임은 명백한 진리! 이 생기부에 내신이 조금 더 높았다면 좀 더 상위 학교로 도전적인 원서 접수가 가능했을 텐데, 원서 쓸 때 내신이 두고두고 아쉬웠답니다.

② **학종에서는 전공 관련 과목 선택이 매우 중요하고 쉬운 길만 선택하기보다 도전적인 과목 선택도 보는 느낌입니다.** 수강자 수가 적더라도 그 과목에 대한 흥미가 있고 잘할 자신이 있다면 도전해 보는 것도 추천!

③ 학교가 훌륭하지 않더라도 개인의 노력 여하에 따라 얼마든지 좋은 입결이 가능합니다. 미리 포기하거나 실망하지 마세요. 3학년 부모님들은 이제 새 학기가 되면 학교 상담을 가실 테고 제일 먼저 학교 입결을 마주하게 될 것입니다. 저희처럼 입결이 정말 약한 학교라 하더라도 기죽지 마세요.

**학교 입결에 따라가는 게 아니라 자신이 학교 입결이 될 수 있습니다!** 원장님께 합격 소식을 전하자 하신 말씀이 "아들 학교에서 앞으로 상담 오는 학생들이 전부 고대 학우만 쓰겠다고 하면 어떡하나!" 하시더라고요. 토마스의 평범한 일반고 고3 아이들이 올 연말 학교의 입결이 될 수 있기를!

④ **최저의 힘이 얼마나 막강한지 경쟁률을 절반 이하로 떨어트립니다.** '고대 가기가 젤 쉬웠어요.'라는 말이 그냥 있는 게 아니더라고요. 고3은 닥치고 수능 공부 열심히 합시다!

⑤ **부모가 할 수 있는 최고의 지원은 입시 정보도 중요하지만, 기도라 생각합니다.** 입시를 치르고 나니 운칠기삼이란 말이 젤 먼저 떠오르더라고요. 우리가 살아보면 인생에서 운이 작용하는 영향을 무시할 수가 없는데 입시도 마찬가지입니다. 일단 생기부 잘 쓰는 담임을 만나는 것부터요. 내 자식을 위해 가장 간절히 기도할 수 있는 사람은 부모이죠. 교회든 성당이든 절이든 기도할 수 있는 곳을 찾아다니세요. 저 같은 경우 아이가 수능 날까지 큰 사고 없이 무탈하기를, 수능을 무사히 치르고 이 과정을 완주할 수 있기를, 어떤 결과가 있더라도 우리 모두 그 결과에 감사하고 순종할 수 있기를, 그렇게 아이를 위한 기도와 제 마음을 다스리는 지혜를 위한 기도를 매일 치열하게 했어요.

사실 1지망의 학교에 붙여 달라는 기도는 해 보지 않았습니다. 내 아이가 꼭 1지망을 가야 한다는 간절함이 너무 크면 기대하는 동안 아이의 실망스러운 모습이 보이거나 실패했을 때 부모 마음이 참 힘들거든요. 대신 아이의 노력과 능력에 가장 적합한 곳으로, 결국엔 아이에게 가장 좋은 곳으로 보내주실 거라 믿었고 아이가 입시에서 실패를 경험해 봐야 한다면 6 광탈의 결과가 나올 텐데 두렵지만 그 결과에도 순종할 수 있게 해달라고 기도했을 뿐입니다. 저희 아이보다 더 노력하고 능력이 좋은 아이들이 더 좋은 학교 가는 게 이치에 맞는다고 생각했고 **어떤 결과에도 아이를 지지하고 응원하며 1지망 합격이든, 6지망 합격이든 아이에게 똑같은 기쁨을 표현할 지혜를 주시라고, 설사 6 광탈을 하더라도 먼저 감사하는 마음을 달라고 기도했습니다.** 그 기도가 고3 기다림의 시간 동안 저에게 가장 큰 힘이 되어주었고 심적인 여유를 주더라고요. 돌이켜보니 3년의 입시 여정을 통해 부모로서 올바르게 기도하는 법을 배웠고 한 인간으로서 큰 성장을 했습니다.

아이가 많이 아프기라도 하면 공부는 아무 의미가 없어집니다. **내 아이 수능 1등급 이전에 몸과 마음의 건강이 먼저 1등급이 되도록 기도하세요.** 인생에 대학이 다가 아니고 스무 살까지만 키우고 말 아이가 아니니까요.

⑥ 하지만 **그 무엇보다 고3 1년을 무사히 지내기 위해서는 부모의 영육 간의 건강이 가장 중요합니다.** 그래야 자식이 어떤 상황에 닥치더라도 든든한 언덕이 되어줄 수 있으니까요. 부디, 체력 떨어지지 않게 잘 드시고 산책이나 몸에 맞는 운동도 하시고 기도도 열심히 하시면서 자신의 몸과 마음부터 잘 돌보는 시간이 되시기를, 그리하여 마침내 우리 아이들 모두에게 노력한 만큼 가장 좋은 결과가 있기를 온 마음 다해 응원합니다!!!

# 002

## 두 번의 실패는 없다

글쓴이: 2025년 대입 연세대 활우전형 합격생 아빠, 네이버 카페 회원 게으름

### (1) 학교 수준과 내신

아이 학교는 전형적인 공립 일반고, 그것도 입결 성적이 별로인 그저 그런 학교입니다. 메디컬은 거의 없고, 서울대도 매해 보내는 것이 아닌 퐁당퐁당 1~2명 정도 보내고, 연고대도 다 합쳐야 3~5명 쯤 보내는, 평반고와 ㅈ반고 사이 정도 되는 그런 학교입니다. 아이는 우여곡절 끝에 1.37로 학교 내신을 마무리했습니다.

### (2) 고3 때 원서 구성과 결과

학교 특성상 정시보다 수시에 주력할 수밖에 없었고, 현역 때에는 다음과 같이 수시 원서를 구성했습니다.

- 서울대 조선해양 지균, 연세대 기계 학추, 고려대 기계 학추, 서강대 기계 학추
- 성균관 공학계열 학종 & 한양대 기계공학 (수능 최저 없음)

그리고 여름부터는 연세대 추천형 면접을 준비하기 시작했습니다. 결과적으로 연세대 제시문은 화학2에서 주로 나왔고, 아이는 화2에서 성적은 좋았음에도 불구하고 계산에서 실수가 있었고 문제 자체도 정확히 이해하지 못해서 탈락하게 됩니다.

이제 수능 최저를 준비합니다. 여름이 지나고도 모고에서 물리나 지학 점수가 나오지 않자 아이는 국영수로 최저를 맞추겠다며 과탐을 둘 다 포기해 버리는 배수진을 칩니다.

그리고 시간이 지나 수능 날.
수능을 보고 아이가 나오는데 머리가 많이 아프다고 합니다. 수학에서 못 풀었던 문제가 여덟 문제나 되었다고 합니다. 이 때문에, 전혀 들춰다 보지도 않았던 과탐 두 과목에 너무 신경 쓰다 보니 머리가 어지러웠다고 합니다. 가채점을 해 오지 않아서 정확히 알기는 어려웠지만 아이의 말투와 표정에서 최저는 어렵겠다고 직감하게 됩니다. 그래도 두 개의 수능 최저 없

는 안정 카드를 준비했으니 아이가 안정을 찾기를 바랐습니다.

하지만 수능 최저 미충족으로 이미 4 광탈했고, 추합이 돌기 시작하면서는 그 나름의 안정이라 생각했던 카드들도 처참히 무너져 내립니다. 성균관은 노예비였지만, 이미 지난해(2023)에 150명 모집에 600명이나 되는 추합이 돌았던 상황이라 크게 걱정하지 않았습니다. 한양대 역시 300% 넘는 추합률을 보였던 전형이기에 낙관하면서 기다립니다. 그러나 끝내 한양대는 예비에서 끝났고, 성균관은 끝까지 노예비였습니다. 성균관은 좀 충격이었습니다. 도저히 노예비 탈락이라는 결과를 받아들이기 힘들었습니다. 그냥 하염없이 눈물만 나왔습니다. 그렇게 아이는 2024 입시에서 1.37의 나쁘지 않은 교과 점수에도 불구하고 6 광탈을 합니다.

### (3) 수시 재도전
이제 해가 바뀌고, 아이는 조금은 단단해져서 재도약을 다짐합니다. 저도 "열심히 해보자.", "결과와 상관없이 후회 없이 달려보자."라고 응원을 합니다.

재수를 위한 준비를 하나씩 해나갑니다. 아이의 의견에 따라 공부는 관리형 독서실에서 하고, 추가적으로 인강을 병행하기로 합니다. 저는 저 나름대로 아이에게 필요한 교재, 강의를 찾아주고 아이에게 맞는 난이도의 모의고사를 찾아줍니다.

문제는 수학입니다. 방황하던 시기에 수1, 2를 제대로 학습하지 못했던 여파, 그리고 그 상태에서 확통과 미적을 한 학기에 하는 바람에 수1, 2와 미적이 둘 다 부족했고, 그 결과 난도가 있었던 수능에서 여지없이 박살나며 6 광탈의 주역이 되었습니다. 집에서 20분 거리의 관리형 독서실을 끊어 주면서 그 지역에 있던 소개받은 학원을 다닙니다.

다행히 3월, 4월 모고에서 3합4, 3합3을 만듭니다. 6모에서는 국, 수 두 과목 모두 아쉽게 컷에 걸리는 2등급, 영어는 1등급을 유지합니다. 작년보다는 성적이 좋아짐을 확인했고, 이젠 그동안 손 놓았던 과탐을 시작합니다. 과탐은 여전히 물리와 지학 둘 다 3등급을 찍고 있었습니다. 두고두고 후회가 됩니다. 왜 3학년 올라가는 겨울방학에 물리를 했는지 후회가 되더군요. 이번엔 지학만 하기로 합니다. 최소 2등급은 만들 수 있을 거라 생각합니다. 그리고 7모부터는 지학에서 2등급이 나오기 시작합니다.

그러나 역시 가장 큰 문제는 수학, 학원의 강의가 아이와 맞지 않았나 봅니다. 다니기 싫다고 핑계 댈 아이도 아닌데, 학원을 그만 다니겠다고 합니다. 그래서 인강에 집중하기로 하고 수완, 수특을 여러 번 반복하게 했습니다. 그러나 등급은 여전히 만족할 만하게 나오지 않았습니다. 2등급 대 초반, 딱 그 정도입니다. 여름을 지나면서 대치서 클리닉을 시작합니다. 라이딩을 하는 동안 아이에게 물어보면 여태껏 아이가 다녔던 학원과는 차이가 있다고 합니다. 그렇다고 스펀지가 물을 빨아들이듯이 쏙쏙 이해하는 것은 아니었습니다. 아무튼. 계속 숙제와 함께 제공해 준 모의고사(이해원, 히든 카이스, 이로운 등등)에서 조금 안정적인 점수가 나오기 시작합니다.

### (4) 재수 때 원서 구성

재수 때에는 현역이 아니다 보니 상위권 대학의 교과는 쓸 수가 없었습니다. 교과를 쓸 수 있었던 가장 높은 학교가 한양대였습니다. 한양대는 2025에 수능 최저를 도입하고 전형을 여러 개로 분리하면서 큰 변화가 있었지만, 수능 최저 덕에 이것을 마지막 안정 카드로 활용할 수 있었습니다. 아이 내신이라면 별문제 없이 충분해 보였습니다. 게다가 교과라 재수의 불리함도 없어서 선택에 제한이 없었습니다.

결국 안정은 한양대 교과 한 개만 쓰고 나머지는 서연고 학종에서 끝내기로 합니다. 그리고 나머지 하나는 고대 계적을 씁니다. 계적에서 과는 아이와 상의 후 아이가 정말 가고 싶었던 스마트모빌리티를 선택합니다.

### (5) 수능 불안의 재발

또다시 수능 일.

이번엔 짝수형입니다. 게다가 학교도 가깝습니다. 모든 조건이 작년보다 좋습니다. 이제 아이가 실수만 하지 않으면 됩니다.

"9모에서도 4합5에 근접한 4합6, 국영수 3합4였는데, 설마 이번에도 못 맞추겠어?"라고 생각하며 마음을 가라앉힙니다.

4시가 넘어 아이가 수능을 보는 학교에 갔는데 중간에 혹시 서울대(일반전형) 발표가 났을까 싶어 확인했더니 이미 발표를 했습니다. 1차 탈락. 서울대는 또다시 조선해양을 쓰지는 않았습니다. 떨어질 것을 각오하고 가

싶은 기계를 썼습니다. 아쉽지만 각오했던 상황이라 큰 동요는 없었습니다.

수능 시험이 끝나고 아이가 나옵니다. 그런데 표정이 작년과 똑같습니다. 순간 머리가 띵!~ 하는 느낌이었습니다. 올해는 이러면 안 되는데. 올해는 이 표정으로 나오면 안 되는데. 이런 생각만 들었습니다. 아이가 나오면서 하는 말이 국영수는 그럭저럭 봤는데 지학이 어려웠고, 작년 수학 느낌 같다고 합니다. 두 번째라 그런지, 이젠 더 이상 실수하면 안 된다는 생각이 강해서인지 많이 불안해합니다.

집에 와서도 너무 불안해해서 시험지를 내려받아 생각나는 대로 가채점을 해봅니다. 기억 안 나는 것은 우선 틀렸다고 체크하여 확인해 보니 영어는 듣기 빼고 세 개 틀린 거 같다고 합니다. 듣기에서 하나만 더 틀리면 자칫 2등급이 나올 수도 있을 듯했습니다. 수학은 공통에서 한 개, 그런데 미적은 3점 문제도 틀리고 당연히 맞았다고 생각했던 29번도 중간에 계산 실수를 했다고 합니다. 난이도로 보면 88점 이상이 나왔어야 할 상황인데 대충 가채점한 것이 80점 초반대입니다. 게다가 1~11번까지는 기억도 잘 안 난다고 합니다. 여기에서 안 틀렸기만 바라야 하는 상황이었습니다. 국어는 대충 확인해 보니 85점쯤. 국영수는 그럭저럭 봤다더니, 결과가 '최악 of 최악'입니다. 그리고 과탐 두 과목은 둘 다 슬픈 예감대로 4등급 밖일 것 같았습니다. 또다시 최저 실패입니다. 고대 학우의 4합8은 당연히 물 건너갔고 영어, 수학, 국어가 어떻게 나오느냐에 따라 4합10~4합12까지 나올 수도 있는 상황이었습니다. 연대의 2합5도 불안하기만 했습니다. 수학이 무조건 2가 되어야 합니다. 2가 안 되면 연대도 글렀습니다. 게다가 영어까지 2가 나오면 3합7도 못 맞추고 또다시 6 광탈을 하게 됩니다.

아이는 작년과 다릅니다. 작년에는 그 상황에서도 PT도 하고 운전면허도 따려 하더니 이번에는 계속 불안한 느낌을 떨치지 못합니다. 그냥 방에서만 생활합니다. 휴대폰만 보고 아무것도 안 합니다. 참 보기 답답했습니다. 무엇이든 빨리 결정되고 결과가 나오기를 바랄 뿐입니다. 아마 성적표가 나올 때까지 계속 이런 시간이 길어질 것 같았습니다.

### (6) 수능 최저는?

제가 보다 못해 특단의 조치를 취합니다. "그냥 다 잊고 놀러 가자. 그럴 일 없겠지만 혹시 다 떨어지면 다시 시작하자."라고 다독입니다. 그리고 성적표 나오는 날 출국하는 것으로 여행계획을 잡습니다. 이게 운명의 장난일지. 성적표가 우려하는 대로 나오면 여행 가서 어떡할지 생각하기도 싫었습니다. 그러지 않길 바랄 뿐입니다. 틈틈이 여행 준비를 합니다. 숙소도 예약하고 항공권도 예약하고, 투어도 알아보고 등등. 투어 사진을 보여주며 아이의 환기를 시키기도 합니다. 제발 그 두려움에서 벗어나길 바라며.

운명의 12월 6일.
드디어 성적표가 나오는 날입니다. 아이는 얼마나 많이 떨렸을까요? 아이도 날이 날인만큼 일찍 일어났습니다. 학교에 가서 수능 성적표를 받아오는 날, 아이에게 다시 한번 일러둡니다. 혹시 네가 생각했던 대로 결과가 나오지 않더라도 그건 아무 일도 아니다. 결과가 좋다면 좋겠지만 그렇지 않더라도 실망하거나 좌절하지 말자고 얘기해 둡니다. 그리고 결과와 상관없이 꼭 알려달라고 말하고 출근을 합니다. 저도 회사로 출발을 하는데 그날 따라 출근길이 참으로 길게만 느껴졌습니다. 출근하면서 "제발 한 번만 도와주세요."라고 돌아가신 아버님, 어머님에게 간청을 합니다. 그리고 9시도 안 되어 아이에게서 톡이 옵니다.

"됨"

그 한 단어로 모든 것이 해결되었습니다. 모든 것은 아닙니다. 겨우 최저를 넘었고, 그마저도 고대 학우는 실패를 했습니다. 국 2, 수 2, 영 1. 탐구는 묻지 마세요. 그냥 묻어두겠습니다.

하지만 그냥 이걸로 되었습니다. 세상을 다 가진 기분? 영어와 수학은 가채점대로 나왔고 국어는 아이가 너무 엄살을 떨었나 봅니다. 85점은 도대체 어떻게 계산을 한 걸까요? 결국 국어와 영어는 평소 실력대로, 수학은 실수에 실수를 하며 평소보다 두 개 더 틀리고 등급이 떨어졌지만 그래도 그 정도면 되었습니다.

아무튼 이제 기쁜 마음으로 여행을 갈 수 있게 되었습니다. 마음이 턱~하니 놓이더군요. 한양대 3합7을 걱정했던 것이 많이 민망스러웠습니다. 회사에서 일을 한 건지 뭘 한 건지 모르게 그날의 시간은 빠르게 흘러갔고 기쁜 마음으로 퇴근을 합니다. 환하게 얼굴색이 바뀐 아이를 보니 마음이 놓였습니다. 곧바로 짐을 싣고 공항으로 갑니다. 바다거북도 보고 고래상어도 보고 즐겁게 놀다 왔습니다.

(7) 재도전의 결과는?

그리고 시간이 흘러 학교별로 발표할 시간.

일정을 당겨 발표한 학교 결과가 하나씩 나옵니다. 아이가 쓴 전형 중에서는 한양대가 가장 먼저 발표를 합니다. 이건 솔직히 별로 걱정하지 않았습니다. 최초합.

저녁을 먹고 아내가 "연세대는 왜 발표 안 해." 하고 재촉합니다. 그러더니 한 번 확인해 본다고 하더군요. 수험번호를 넣고, 이름을 넣고, 생년월일을 넣고 확인을 하는데. 그 찰나의 시간이 왜 이리 길게 느껴졌을까요? 그 수험 정보 바로 아래, 처음 보는 나이 많은 아저씨가 연세대 건물 앞에서 다음의 메시지를 전하는 동영상이 똬악~ 뜹니다.

"축하합니다!"

아이는 춤도 아닌 이상하고 해괴한 몸짓으로 팔다리를 돌리며 이상한 소리를 냅니다. 되었습니다.

연세대는 최저를 넘으면 가능성이 높다 봤지만, 그렇다고 하더라도 최초합이 되려면 최소한 30~40% 안에 들어야 해서 예비도 좋다고 생각했습니다. 다만 앞번호(1~10) 정도에만 들었으면 좋겠다고 바랐는데, 느닷없이 생각지도 않은 최초합이 되었습니다. 주마등처럼 스쳐 간다고 하나요? 그 1년이라는 시간의 고난을 갑자기 보상받은 기분입니다.

아이는 어쩔 줄 몰라 하고, 뭔가 굉장히 시끌시끌하고, 들썩입니다. 이제 안심이 됩니다. 작년에 아이보다 내신 안 좋았던 아이가 서울대에 갔습니다. 초등 때부터 같이 자라오며 순위경쟁을 하던 두 아이는 각각 카이스트와 고려대로 진학했습니다. 저희 아이만 뒤처진 느낌이었는데, 그 비교의 대상이 되었던 당사자는 정작 얼마나 힘들었을까요? 이젠 다 되었습니다. 서울대가 아니어도 괜찮습니다. 아이가 원하던 학교, 원하는 전공을 뚫었기 때문입니다.

아버님, 어머님이 모두 하늘나라에 계셔서 직접 이 기쁨을 알려드릴 수는 없지만 끔찍이 손자를 예뻐하셨던 아버님이 얼마나 기뻐하셨을지, 그냥 뭉클한 기분이었습니다. 이게 형식상 3지망이지만 나름 1지망 같은 3지망이라 그 밖의 합불은 그리 중요하지 않았습니다. 친척분들께 전화를 드리고, 누님들께 소식을 알리고, 모두 기쁨이 충만한 채 축하를 해주고, 그 잠시의 순간이지만, "이게 행복이구나."를 느꼈습니다. 아이의 얼굴이 확~ 피었습니다. 무표정이었던 얼굴이 밝아졌습니다. 그것으로 되었습니다. 이제 안심이 됩니다.

시간이 지나 추합 발표가 있었습니다. 추합을 노렸던 고대 스모빌, 연대 ISE는 모두 떨어졌습니다. 아무튼 모든 것이 지나갔습니다. 이제 제 아이에 대한 분석은 필요 없고 여기까지입니다. 비록 한 해 늦었지만 아이의 멋진 대학 생활을 응원합니다.

## 선물 같은 하루를 만드는
# 열 번째 기술

## 초보 인생 가이드

**✓ 진로와 연결 짓기**

학교 활동을 단순 참가하지 않고, "내 진로와 어떻게 연결되는가?"를 반드시 메모한다.

**✓ 멘탈 회복 루틴 만들기**

내신시험이나 모의고사 후에는 반드시 하루를 정리하고 회복하는 리셋 시간을 갖는다.

## 인생을 선물처럼 살아가기 위한 질문

**질문 28** 두 건의 입시 사례에서 가장 인상 깊었던 점은 무엇인가?

예시 답: 내신이 부족해도 생활기록부로 극복했다는 점, 또 실패 후 재도전에 성공한 점이 용기를 줬다.

**질문 29** 지금 내 입시 준비에서 부족하거나 보완하고 싶은 부분은 무엇인가?

예시 답: 생활기록부는 비교과가 부족하고, 공부 루틴은 아직 불안정하다. 계획보다 실천을 더 꾸준히 해야겠다.

**부록** 대학입시, 이렇게 성공했다

**질문 30** 이 두 사례를 읽고 나서 새롭게 다짐한 것은 무엇인가?

**예시 답:** 나도 성공 스토리의 주인공이 될 수 있다는 기대감이 생겼다. 끝까지 나를 믿고 버텨봐야겠다.

### 에필로그

모든 날이 찬란할 수는 없습니다. 그러나 모든 하루에는 반드시 의미가 있습니다. 그 의미는 거창한 성취가 아니라, 오늘 내가 내디딘 작은 한 걸음 속에 있습니다.

지금은 입시가 세상의 전부처럼 느껴질지라도, 삶은 그 너머에서도 계속 이어집니다. 성적과 등수가 아닌, 사람과의 관계, 경험, 그리고 오늘의 선택이 앞으로의 길을 만들어갈 것입니다.

이 책은 오랜 시간, 마음이 지친 학부모들과 학생들의 곁에서 함께 나누었던 문장들을 모은 기록입니다. 크게 울리지 않아도, 조용히 옆에서 버팀목이 되어주는 글이 되기를 바랍니다.

혹시 오늘이 유난히 버거운 날이었다면, 이 책의 한 페이지가 잠시 마음에 평온을 선물하는 잔잔한 쉼표가 되기를 바랍니다.

그렇게 쌓인 하루들이, 언젠가 다시 살아보고 싶은 소중한 시간으로 기억 속에 남기를 기원합니다.

## 참고문헌

- 굿 라이프| 저자: 최인철| 21세기북스
- 단 한 권으로 읽는 논어+역경(논어편)| 저자: 도올| 통나무
- 단 한 권으로 읽는 논어+역경(역경편)| 저자: 도올| 통나무
- 단 한 번의 삶| 저자: 김영하| 복복서가
- 더 해빙| 저자: 홍지연| 수오서재
- 도덕경| 저자: 노자, 풀이: 오강남| 현암사
- 마음의 지혜| 저자: 김경일| 포레스트북스
- 백일편지| 저자: 김호진| 펜타클
- 새벽에 혼자 읽는 주역인문학| 저자: 김승호| 다산북스
- 생각에 관한 생각| 저자: 대니얼 카너먼| 김영사
- 우울할 땐 뇌과학| 저자: 알렉스 코브| 심심
- 인생은 선물이야| 저자: 오주현| 미다스북스
- 청춘의 독서| 저자: 유시민| 웅진지식하우스
- 코스모스| 저자: 칼 세이건| 사이언스북스
- 평균의 종말| 저자: 토드 로즈| 21세기북스
- 행복의 기원| 저자: 서은국| 21세기북스
- 회복탄력성| 저자: 김주환| 위즈덤하우스